中国古代名著全本译注丛书

洗冤集录译注

[宋]宋慈　著
高随捷　祝林森　译注

图书在版编目(CIP)数据

洗冤集录译注/(宋)宋慈著；高随捷，祝林森译注.—上海：上海古籍出版社，2016.4（2023.6重印）
(中国古代名著全本译注丛书)
ISBN 978-7-5325-7807-8

Ⅰ.①洗… Ⅱ.①宋… ②高… ③祝… Ⅲ.①法医学鉴定—中国—南宋②《洗冤集录》—译文③《洗冤集录》—注释 Ⅳ.①D919.4

中国版本图书馆CIP数据核字(2015)第224693号

中国古代名著全本译注丛书
洗冤集录译注
[宋]宋 慈 著
高随捷 祝林森 译注
上海世纪出版股份有限公司
上 海 古 籍 出 版 社 出版
(上海市闵行区号景路159弄1-5号A座5F 邮政编码201101)
(1)网址:www.guji.com.cn
(2)E-mail:guji1@guji.com.cn
(3)易文网网址:www.ewen.co
上海世纪出版股份有限公司发行中心发行经销
江阴市机关印刷服务有限公司印刷
开本890×1240 1/32 印张6.25 插页5 字数120,000
2016年4月第1版 2023年6月第9次印刷
印数 22,801—25,900
ISBN 978-7-5325-7807-8
N·15 定价：22.00元
如有质量问题，请与承印公司联系

前　言

《洗冤集录》是我国宋代伟大的法医学家宋慈的著作，1247年刊于湖南宪治县。它是我国古代第一部，也是世界上第一部法医学专著，比西方最早的同类著作——意大利医生费德罗（Fortunoto Fedclo 1550—1630）的《医生的报告》（*DeRclationluc Medicorum*）还早三百五十多年。《洗冤集录》的问世，标志着世界科学史上又一门有独立理论体系及技术方法的新学科——法医学的诞生，并对世界现代法医学的形成与发展作出了开创性的贡献，在国内外影响颇为深远。自南宋迄清的数百年间，历代官府都把它奉为刑狱案件中尸伤检验的指南和经典。在它的影响下，后代学者颇多研究，并相继有《平冤录》、《无冤录》、《律例馆校正洗冤录》等几十种法医检验专著问世，但均未离开或超出《洗冤集录》的系统、内容和水平。《洗冤集录》曾先后被介绍到朝、日、荷、法、英、德、美等国，译成19种文字，引起了许多国家的学者的研究兴趣。前苏联著名的现代法医学家波波夫在他的《法医学》中对此书作了详尽的介绍。1976年，美国夏威夷大学中国史教授马克奈特翻译了本书，并在评论中指出《洗冤集录》"是世界现存最古的法医学著作，验尸的指南"。到了法医学高度发展的今天，《洗冤集录》仍被现代法医学家视为专业方面的经典。

《洗冤集录》之所以备受古今中外学者的重视和推崇，是因为该书所具有的科学性和实用性。它内容之系统、涉猎之广泛、研究之深刻，以及理论与实践结合之紧密，无不使历代法医学家惊叹不已。此书共五卷53篇，有关法医学的叙述比较全面而完整。它首先引录了有关尸体、伤病检验的条例法规。其次，从有关检验法规的具体实施、注意事项，到现场检验顺序、技术处理、尸体保存、检验结果的书面报告形式以及对各种不同死因、不同身份、性别、年龄、死后变化程度差异的尸体作初检、复检的要领等，都做了系统的精辟论述。再次，详细论述了尸体变化征象、机械性损伤、机械性窒息、烧死、雷击死、中毒、急病死、饿死、生物性原因致死、尸骨、无名尸等各具的特征及鉴别判断的要求，以及判定自杀、他杀的知识等等。书中对各种检验对象的形态特征的描述，大都很准确，有的比现代法医学还详尽；尤其对于死亡性质，此书特别强调在详细检验的基础上，结合现场情况及调查所得，综合分析，以作出更符合科学与实际的判断。在宋慈的检验体系中，已使用排除法，并已初步运用了昆虫学、化学、光学的原理，因而其不少的论述至今仍具有科学的价值。

《洗冤集录》是中华民族古代科技文化发展的一个成果，是自春秋战国到南宋时期我国古代法医理论与司法检验的经验总结。现代法医学创立仅两百来年，传至我国才数十年，但我国早就存在并运用着具有自己独特创见的法医学。它的历史可追溯到战国时代（前475—前221），据《礼记》、《吕氏春秋》等书记载：当时的司法官吏在规定的时间里，要“修法治，缮囹圄，具桎梏，禁止奸慎罪邪务博执。命理瞻伤、察创、视折、审断；决狱讼，必端平。”汉人蔡邕解释说：“皮曰伤，肉曰创，骨曰折，骨肉皆绝曰断。”（《礼记义疏》引）这里所说的“瞻、察、视、审”就是检验方法；“伤、创、折、断”就是损伤程度。1975年底出土的云梦秦简也记载了许多秦代的案狱和司法检验的情况，说明当时在活体检查、现场勘验和尸体检查等方面都已取得了科学的成就。时至唐朝，封建法律制度日趋完善，产生了我国封建社会中早期最完整的一部法典——《唐律》，唐律对涉及法律的伤亡病残、人身识别等的检验及处理，均有明文规定。宋代的检验制度有了更进一步的发展，不但对验官的差遣、验官的职责和初、复、免检等都有明确的规定，而且还颁布验尸格目、验状及检验正背人形图。这说明了唐、宋时期司法检验不仅相当盛行，而且有十分严密的规章制度和比较成熟的技术方法。这就是《洗冤集录》得以产生的背景和土壤。

《洗冤集录》的产生，同作者宋慈的学习工作、生活经历、正直个性也是密不可分的。

宋慈，字惠父，南宋孝宗淳熙十三年（1186）诞生于福建建阳县童游里。他祖籍河北顺德县，曾迁居浙江建德县，以后才迁移到福建建阳县。宋慈幼年就读于朱熹弟子吴稚门下，朱学的“格物致知”给予了他较为正面的影响，使他比较注重实事求是的学风与方法。宋慈二十岁入太学，钻研百家学说，“性无他嗜，唯喜收异书名帖”，作文章源于心灵，备受当时主持太学的著名学者真德秀的赞赏。嘉定十年（1217）中进士。理宗宝庆二年（1226）任赣州信丰县主簿（管理文书簿籍的官员）。绍定四年（1231），招捕使陈韡敬慕宋慈智勇双全、学问广博，推荐他为长汀县知县。在任四年，勤政爱民。当时长汀一带盐价昂贵，贫民无力购盐。宋慈采取果断措施，改变运盐路线，并组织人力抢运，节省了时间和运费，降低了盐价，保证了百姓的食用。端平二年（1235），已50岁的宋慈受枢密院士曾从龙的聘请，任枢密使兼督荆襄江淮（今湖北安徽一带）魏了翁的幕客。嘉熙元年（1237）又回福建路（宋代无省建制，分全国为若干个路）任邵武军（今福建邵武县）通判；次年调任南剑州（今福建南平县）通判。时值荒年，民不聊生。宋慈提出用富人存粮及部分官粮救济饥民的办法，并定出等级，赤贫者全济，稍有食者半济，能度日者不济，从而使百姓度过饥荒，稳定了社会秩序，为百姓拥戴，也受到宰相李宗勉的赞许。嘉熙三年（1239），升任广东提点刑狱官（相当于今一省的法官）。他到任后，发现地方官吏“多不奉法，有留狱数年未详复者”，积案很多，便即认真阅卷，亲自审询，不辞劳苦，深入偏僻的山区、村落调查核实，并给下属官吏、衙门规定了清理积案的期限，结果八个月内就处理了二百余件积案，时人称他雪冤禁暴，治政清平。嘉熙四年（1240），调任江西提点刑狱，兼知赣州。淳祐元年（1241），知常州军事，修《昆陵志》，因爱民救济有功，转朝散大夫，司农寺丞，新除直秘阁，充大使行府参议官等职。淳祐五年（1245），宋慈开始整理他一生断狱的经验，撰写《洗冤集录》。淳祐七年（1247），宋慈转任湖南提点刑狱官，并在湖南安抚大使兼节制广西的陈韡行府任参议官，处理军政要务。宋慈长期担任提点刑狱之官，处理案件既多，且又谨慎，他认为“居官（当）以民命为重，倘若刑狱一有不决之疑，必多所失”；并说：“狱事莫重于大辟，大辟莫重于初情，初情莫重于检验。”因此，他办案“审之又审，不敢萌一毫慢易心”。他观察到狱情之失，多是检验错误，检验的书籍既缺乏又不准确。为了使更多的刑狱官分享他的知识与经验，因而在湖南任职时，他加快了《洗冤集录》的撰写，终于在淳祐七年（1247）完成全书写作，于湖南宪治县雕板刊行。在学者们大讲“存天理、灭人欲”的南宋，一个朝廷的官员，能认识到洗冤泽物，以民命为重，检案要实事求是，并身体力行，不辞劳苦，深入调查研究，以客观检验所见定案，从而写成这样一部伟大的著作，是很不容易的，也是十分可贵的。

《洗冤集录》脱胎于古代的医学、法学，但又高于古代一般医学，别于法学，确实是一部具有独创性的伟大著作，它不但是今天研究我国法医学渊源的国宝，也是研究我国古代病理学、尸体解剖学的主要资料。当然，由于历史的局限，科学技术条件的限制，全国性案件交流的贫乏，《洗冤集录》中有些内容较片面。以个别现象、偶然因素、毫无联系的征象视为普遍规律，所作结论未必都正确；对人体解剖、生理的认识也有局限，有的缺乏科学性，甚至掺杂着迷信色彩，凡此我们在阅读时要注意的。

本译注本采用北京大学图书馆所藏元刻《宋提刑洗冤集录》作底本，参照岱南阁仿元本加以校勘。为保持元刻本原貌，我们基本未作改动，仅于个别显然不当的地方以（　）标明，并以［　］标明改正的文字。限于我们的水平，难免有不当之处，望读者批评指正。

本书的译注得到辛子牛老师的帮助，特为致谢。

译注者

1990年5月于上海

2008年10月改定

目　　录

洗冤集录序

狱事莫重于大辟，大辟莫重于初情，初情莫重于检验。盖死生出入之权舆，幽枉屈伸之机括，于是乎决。法中所以通差令佐理掾者，谨之至也。年来州县悉以委之初官，付之右选。更历未深，骤然尝试，重以仵作[1]之欺伪，吏胥[2]之奸巧，虚幻变化，茫不可诘。纵有敏者，一心两目，亦无所用其智，而况遥望而弗亲，掩鼻而不屑者哉。慈四叨臬寄，他无寸长，独于狱案审之又审，不敢萌一毫慢易心。若灼然知其为欺，则亟与驳下；或疑信未决，必反复深思，惟恐率然而行，死者虚被涝漉。每念狱情之失，多起于发端之差，定验之误，皆原于历试之浅，遂博采近世所传诸书，自《内恕录》[3]以下凡数家，会而粹之，厘而正之，增以己见，总为一编，名曰《洗冤集录》。刊于湖南宪治，示我同寅，使得参验互考，如医师讨论古法，脉络表里，先已洞澈，一旦按此以施针砭，发无不中，则其洗冤泽物，当与起死回生同一功用矣。

淳祐丁未嘉平节前[4]十日，朝散大夫新除直秘阁、湖南提刑、充大使行府参议官[5]宋慈惠父序。

贤士大夫或有得于见闻及亲所历涉出于此集之外者，切望片纸录赐，以广未备。慈拜禀。

【注释】

〔1〕仵作：又称行人。古代从事尸体处理、帮助殡葬的人。宋代盛行尸体检验，仵作常被官府雇用操验尸体，在主持检验官员的指挥及监督下，细察尸体周身，并把检验情况大声喝报给检验官员，由验官分析判断。

〔2〕吏胥：官署中办理簿书案牍等事的一般官吏。

〔3〕《内恕录》：书名，似已佚失。

〔4〕淳祐：南宋理宗赵昀的年号（1241—1252）。丁未：淳祐七年，即1247年。嘉平：腊月，阴历十二月。节前：除夕前。

〔5〕朝散大夫：宋代文职散官名，即有官名而无固定职务的文官，官阶从五品下。直秘阁：官名，详见《宋史·职官志》。湖南提刑：湖南提点刑狱官的简称。提点刑狱，掌管司法的官员。大使行府参议官：大使衙署的参议官。当时陈韡任湖南安抚大使兼节制广西，宋慈为他的参议官。参议官，官名，属于幕僚类的官员。

【译文】

狱讼案件中没有比判处死刑更严重的了，判处死刑最重要的是搞清案件的真情，搞清案件的真情没有比做好伤、病、尸体的检查验证更要紧的了。因为被告的生死存亡、出罪入罪的最初依据、蒙冤昭雪的关键，都由此而决定。法律中对于传达法令、选拔司法官吏的规定，是十分谨慎的。近年来，许多州、县都把检验工作交给初入选的官员，托付给武职官吏。这些人资历不深，突然尝试，再遇上仵作的欺瞒作假，吏胥的使奸弄刁，使案情变得虚假惑乱，模糊不清，难以查究。纵使有聪明人，仅靠自己的一心两眼，也无法施展才智，更不必说那些［在尸检现场］只远远观望而不亲临察看、用手捂着鼻子而不重视检验工作的人了。我宋慈四次在外地任职掌管刑狱，其他方面一无所长，唯独对于狱案，一直详细周密而反复慎重地审核，从不敢萌生丝毫的怠忽轻率的念头。如果明确地知道案情有虚假欺瞒，就立即发回，责成负责官吏重新调查；有时难以决定是信还是不信的案件，一定反复深思，唯恐轻率行事，使得死者不必要地被翻动检验。每当我想到狱情的失实，大多起始于开头调查的失误，检验判定的差错，根本原因都在于检验官员的经验不足，于是就广泛采集近世流传的各种有关检验的书籍，从《内恕录》以后，总共有好几家，汇合起来并加精选，经过考证、整理订正，并加进自己的意见，归总成一书，名叫《洗冤集录》。此书在湖南提点刑狱任所刊刻出版后，给我的同僚阅读，让大家参照验证，就像医师讨论古代治疗方法，对人体内外脉络穴位的分布，医师已了解透彻，而后一旦按照经络穴位来实施针刺治病，那就没有医不好病的。那么此书洗清冤案，有益于百姓，这与医师使病人起死回生，起到的功用是相同的了。

淳祐丁未嘉平节前十天，朝散大夫新任直秘阁、湖南提刑、充大使行府参议官宋慈字惠父作此序。

贤士大夫读完此书，如有所见所闻及亲自所经历过而此书未采集的检验经验，恳切希望大家赐信给我，以使扩大《洗冤集录》所没有汇集的经验。慈拜禀。

卷之一

一　条　令[1]

诸尸应验[2]而不验；初复同。或受差过两时不发；遇夜不计，下条准此。或不亲临视；或不定要害致死之因；或定而不当，谓以非理死为病死，因头伤为胁伤之类。各以违制[3]论。即凭验状致罪已出入[4]者，不在自首觉举[5]之例。其事状难明，定而失当者，杖一百[6]，吏人、行人[7]一等科罪。

诸被差验复，非系经隔日久，而辄称尸坏不验者，坐以应验不验之罪。淳祐详定。

诸验尸，报到过两时不请官[8]者；请官违法，或受请违法而不言；或牒至应受而不受；或初、复检官吏[9]、行人相见及漏露所验事状者，各杖一百。若验讫，不当日内申所属者，准此。

诸县承他处官司请官验尸，有官可那而称阙；若阙官，而不具事因申牒；或探伺牒至，而托故在假被免者，各以违制论。

诸行人因验尸受财，依公人法[10]。

诸检复之类应差官者，差无亲嫌干碍之人。

诸命官[11]所任处，有任满赏者，不得差出，应副检验尸者听差。

诸验尸，州[12]差司理参军[13]，本院囚别差官，或止有司理一院[14]，准此。县差尉[15]。县尉阙，即以次差簿[16]、丞、县丞[17]不得出本县界。监、当官[18]皆缺者，县令[19]前去。若过十里，或验本县囚，牒最近县。其郭下县皆申州。应复验者，并于差初验日，先次申牒差官。应牒最近县，而百里内无县者，听就近牒巡检或都巡检[20]。内复检应止牒本县官，而独员者准此，谓非见出巡捕者。

诸监、当官出城验尸者，县差手力伍人[21]当直。

诸死人未死前，无缌麻以上亲在死所[22]，若禁囚责出十日内及部送者同。并差官验尸。人力、女使经取口词者，差公人。囚及非理致死者，仍复验。验复讫，即为收瘗。仍差人监视。亲戚收瘗者付之。若知有亲戚在他所者，仍报知。

诸尸应复验者，在州申州，在县，于受牒时牒尸所最近县。状牒内，各不得具致死之因。相去百里以上而远于本县者，止牒本县官。独员[23]即牒他县。

诸请官验尸者，不得越（黄）河、江、湖[24]江、河谓无桥梁，湖谓水涨不可渡者。及牒独员县。郭下县听牒，牒至即申州，差官前去。

诸验尸，应牒县而牒远县者，牒至亦受，验毕申所属。

诸尸应牒邻近县验复，而合请官在别县，若百里外，或在病假不妨本职非。无官可那者，受牒县当日具事因在假者具日时，保明申本州及提点刑狱司[25]，并报（元）[原]牒官司，仍牒以次县。

诸初、复检尸格目[26]，提点刑狱司依式印造，每副初、复各三纸，以《千字文》[27]为号，凿定给下州县。遇检验，即以三纸先从州县填讫，付被差官。候检验讫，从实填写。一申州县；一付被害之家；无即缴回本司。一具日时字号入急递，径申本司点检。遇有第三次后检验准此。

诸因病死谓非在囚禁及部送者。应验尸，而同居缌麻以上亲，或异居大功[28]以上亲，至死所而愿免者，听。若僧道有法眷，童行有本师，未死前在死所，而寺观主首保明各无他故者亦免。其僧道虽无法眷，但有主首或徒众保明者，准此。

诸命官因病亡，谓非在禁及部送者。若经责口词，或因卒病，而所居处有寺观主首，或店户及邻居，并地分合干人保明无他故者，官司审察，听免检验。

诸县令、丞、簿虽应差出，须（常）［当］留一员在县。非时俱阙，州郡差官权。

诸称“违制”论者，不以失论。《刑统·制》[29]曰：谓奉制有所施行而违者，徒二年。若非故违而失错旨意者，杖一百。

诸监临主司受财枉法[30]二拾匹，无禄者二十五匹，绞。若罪至流[31]，及不枉法赃伍拾匹，配本城。

诸以毒物自服，或与人服，而诬告人，罪不至死者，配千里。若服毒人已死，而知情诬告人者，并许人捕捉，赏钱五十贯[32]。

诸缌麻以上亲因病死，辄以他故诬人者，依诬告法，谓言殴死之类，致官司信凭以经检验者。不以荫论[33]。仍不在引虚减等[34]之例。即缌麻以上亲自相诬告，及人力、女使病死，其亲辄以他故诬告主家者，准此。尊长诬告卑幼，荫赎减等，自依本法。

诸有诈病及死、伤受使检验不实者，各依所欺减一等。若实病、死及伤，不以实验者，以故入人罪[35]论。《刑统》议曰：上条诈疾病者，杖一百。检验不实同诈妄，减一等，杖九十。

诸尸虽经验，而系妄指他尸告论，致官司信凭推鞫，依诬告法。即亲属至死所妄认者，杖八十。被诬人在禁致死者，加三等。若官司妄勘者，依入人罪[36]法。

《刑统》疏：以他物[37]殴人者，杖六十。见血为伤。非手足者其余皆为他物，即兵不用刃亦是。

《申明刑统》[38]：以靴鞋踢人伤，从官司验定。坚硬即从他物，若不坚硬即难作他物例[39]。

诸保辜[40]者，手足［殴伤人］限十日；他物殴伤人者二十日；以刃及汤火［伤人］三十日；折（日）［目］折跌肢体及破骨者（三）［五］十日，限内死者各依杀人论。诸啮人者依他物法。辜内堕胎者，堕后别保三十日，仍通本殴伤限，不得过五十日。其在限外，及虽在限内以他故死者，各依本殴伤法。他故谓别增余患而死。假殴人头伤，风[41]从头疮而入，因风致死之类，仍依杀人论。若不因头疮得风而死，是为他故，各依本殴伤法。

乾道六年[42]，尚书省[43]（此）［批］状："州县检验之官，并差文官，如有阙官去处，复检官方差右选。"本所看详："检验之官自合依法差文臣。如边远小县，委的阙文臣处，复检官权差识字武臣。今声说照用。"

嘉定十六年[44]二月十八日敕："臣僚奏：'检验不定

要害致命之因，法至严矣，而检复失实，则为觉举，遂以苟免。欲望睿旨下刑部看详，颁示遵用。’刑寺〔45〕长贰详议：‘检验不当，觉举自有见行条法〔46〕。今检验不实，则乃为觉举，遂以苟免。今看详命官检验不实或失当，不许用觉举原免。’馀并依旧法施行。奉圣旨依。”

【注释】

〔1〕条令：这里指有关尸体检验的法律条文。条文中对现场检验，检与免检适应对象，必验项目，时限，初、复检制度，结合地界的主检方，回避制度等等，都有明确而具体的规定。尤其对检验人员的职责和对违者的处置等都有一系列规定；对法医学检验的开展、检验质量的提高、快而准地获取证据，增强检验人员职业道德和责任感，从而提高办案的科学性，均有明确的要求和法律保证。相比之下，我国现在法医学检验中的有关法规、条例，在许多方面尚不够完善。诸如法医学检验的法律地位、全国法医工作的管理，法医学检验范围，报告格式，检验人员的资格、权利义务、职责、法律责任，政法系统各机关的法医学检验工作的分工等，均尚无统一的规定。这不但影响了检验质量，不利于检验的开展，而且阻碍了法医学检验工作的提高。《洗冤集录》所提及的检验条令，仍有不少可资今天借鉴。

〔2〕诸尸应验：指对丧失生命的躯体作检查，是最常见最重要的法医学检验。它以查明死因、判定死亡性质、判断死亡时间和死亡经过为主要目的，有时还要进行人身（身源、尸源）的认定，致伤工具的推断等。尸体检验包括尸表及解剖检验。尸表检查仅限视线能及的体表形态，以此举所见认定死因及自杀、他杀性质，不但难度大而且错断率也较高。本书所讲的验尸，基本都是尸表检验，操验者仵作以及其他检尸人员，根据外观喝报，主检官员以此作出判断。解剖检验有局部解剖（只剖视某一部位）及全面解剖（主要剖视颅腔、胸腔、腹腔各器官以及组织病理学检验）。按其性质分普通解剖（以学习为目的）、病理解剖（提高医学水平为目的）、法医解剖（以办案为目的）。本书所介绍的一些验尸方法，如洗淹，醋酒糟热敷显现挫伤的方法等，是在当时未作解剖，以及消毒剂缺乏的情况下使用的，现在已不再使用这些方法了。

〔3〕违制：违反法律制度、命令、规定的罪名。古代，皇帝的制书、诏令具有至高无上的法律效力，违者即犯“违制罪”。

〔4〕出入：将有罪定无罪、重罪判轻罪为“出”；反之，为“入”。有意开脱、轻判，为“故出”；反之，为“故入”。无意而错判为“失出”、“失入”。

〔5〕自首觉举：罪犯在罪行未被举发前就自己向官府坦白为自首；官吏在过失犯罪未被举发前就主动交代为觉举。自首觉举者可以从宽处理。

〔6〕杖一百：指受杖刑一百下。即用大竹板、大木棍打背部、臀部或腿部一百下。

〔7〕吏人、行人：官府中没有品级，专门办理杂务的人员叫吏人；行人，参见序注释〔1〕。

〔8〕请官：宋代规定：人命案报案后，本县即应派官初验，如属他杀，还须请邻县派官复验。请邻县派官复验即为请官。

〔9〕宋朝的尸体检验，仍以“官员验尸”为主。在官员的指挥下，由仵作动手操验，边验边喝报。官员则以仵作喝报的检验结果，对死因及死亡性质等作出分析判断。仵作检验不细，喝报不实，要负法律责任。检验不实，判断错误，官员要负责。由于官员并非都具有法医学尸体检验知识和技能，势必影响检验质量。现在的法医学检验人员由多科专业技术人员组成，受指派或聘请，担任案件中有关人身伤亡、病残、生理状态、人身认定等方面专门性问题的鉴定。在一案中，做了鉴定人，就不能是侦察、检察、审判人员。这和古代完全不同。鉴定人员在科学方面是平等的，不论机关大小、职务高低，只看鉴定的科学性、准确性。机关虽大，职务（或职称）虽高，如缺乏需鉴定的那些专门性问题的知识和技能，就不能做那些专门性问题的检验鉴定人员，这也是与古代不相同的。当今的这种做法，更能保证检验鉴定的客观性和科学性。

〔10〕公人法：关于公人的法律规定。官府中担任公务的各种人员称为公人。

〔11〕命官：由朝廷按官品令授予品级和职务的官员。

〔12〕州：宋代的地方行政单位。路下设州，州下设县。州的长官为知州。

〔13〕司理参军：官名。宋代于诸州设司理参军，掌狱讼审讯。

〔14〕司理院：州属监狱。

〔15〕县尉：官名，掌管全县的军事、治安，位在县丞、主簿之下。

〔16〕簿：主簿，官名，主管文书簿籍、处理日常事务，为县令的佐理，位在县丞下、县尉上。

〔17〕县丞：官名，为县令的主要辅佐，位在主簿、县尉之上。

〔18〕监、当官：指主管和代理的官员。县尉主管验尸为当官。县尉

缺员按规定依次由主簿、县丞代理为监官。

〔19〕县令：官名。一县的行政长官。

〔20〕巡检、都巡检：官名。主管训练军队、巡逻治安、擒捕盗贼等事，受所在州、县行政长官领导。

〔21〕手力伍人：供官府奔走驱使的杂役工，由百姓在编伍户中轮流值差。

〔22〕缌麻：旧时丧服名。丧服按亲属关系的亲疏分为：斩丧、齐丧、大功、小功、缌麻五等，叫五服。缌麻用细麻布制成，服丧期三个月，为五服中最轻的，用于高祖父母、外祖父母、岳父母中表兄弟、外孙等丧。缌麻以上亲，即指五服之内的亲属。

〔23〕独员：县衙里仅剩一名官员视事的，称独员县。

〔24〕黄河、江、湖：依下文小字注“江河谓无桥梁”，“黄”字疑是衍文，应删。

〔25〕提点刑狱司：官署名。宋代分全国为十五路，后增至二十六路，于各路设提点刑狱司，掌管各路的司法、刑狱和监察。其长官为提点刑狱公事。

〔26〕检尸格目：宋代验尸文件，提刑郑兴裔所创，颁发于南宋孝宗淳熙元年（1174），分“初验尸格目”、“复验尸格目”两种。主要内容有：接报时间、承办人吏何时请检验官、到现场时间、住宿距现场路程、参加验尸的仵作及其他人员的姓名、保证做到事项，如保证已验定要害致死原因、保证无检验不实、保证仵作人吏无作弊与敲诈勒索等违法行为，如有，准予告发，属实者给奖。保证已将检验结果亲自签署并即上报等，最后是仵作、人吏、检验官姓名职位、在场人员的签押。验尸格目、验状（见本书第53篇）与检验正背人形图，为宋代尸体检验三个主要文件。它使检验规范化，统一了格式和要求，对提高检验质量有积极作用。

〔27〕《千字文》：梁代周兴嗣撰，旧时私塾启蒙读本之一，全书共一千字，故曰《千字文》。

〔28〕大功：五服之一，用于堂兄弟、未嫁的堂姐妹、已嫁的姑、姐妹等丧礼。

〔29〕《刑统·制》：即《刑统》卷九《职制律》篇。《宋刑统》是宋太祖建隆三年（962）颁行的宋代法典，由窦仪奉命据唐朝《大中刑法统类》修订而成，共三十卷。

〔30〕受财枉法：接受贿赂而枉曲用法的罪名。

〔31〕流：刑罚名。发配远地充军或服苦役。

〔32〕贯：古时以绳索穿钱，一千文为一贯。

〔33〕不以荫论：封建社会对贵族、高官享有某种特权规定，他们的

亲属可得到庇荫（一种豁免权），不仅可荫袭官爵、免除课役，犯了罪还可荫赎减等。本条词义即不适用于荫赎减等的规定。

〔34〕引虚减等：诬告他人者自行投官撤回诬告，可得到从轻减罪一等的处罚，称为“引虚减等”。

〔35〕故入人罪：是指司法官员故意将无罪判为有罪、轻罪重判的一种罪行。

〔36〕入人罪：是指司法官员无意中陷人于罪，或轻罪重判的一种罪行。

〔37〕他物：指一切钝器。他物伤，即钝器伤。古代除拳脚伤、锐器伤外，统称为他物伤（钝器伤）。

〔38〕《申明刑统》：宋代关于阐明、订正《刑统》的敕令汇编，为宋高宗时重修的《绍兴敕令格式》一书中的一个组成部分。

〔39〕宋法典（《刑统》）规定的成伤物体名称：“非手足伤者为他物，即兵（兵器）不用刃亦是。”他物形成的伤即为他物伤。有刃的兵器，在用其钝面而不是刃口时亦是钝器，这说法是很辩证的。但《申明刑统》解释，不坚硬的靴鞋踢伤，难作他物伤看待，即不作为钝器伤。现代法医学观点却与其不同。致伤物体种类繁多，只要有一定质量的有形物体就可以是致伤物，一根针、一张纸都可以是致命的成伤物体。现代法医学把机械力作用成伤的物体分成三大类：钝器、锐器、火器。凡不是刃口或尖端而是较大接触面（钝器）成伤的，形成的伤称钝器伤。以刃口或尖锐端（锐器）成伤的，形成的伤称锐器伤。就一个物体说，如刀、斧，既是锐器，又是钝器。火药产生高压气体推动物体伤人的，如枪弹、炮弹、火药包，统称火器，其所形成的伤即为火器伤，枪械以非火药弹而是机械压缩产生高压气体推动弹丸伤人，亦归火器伤（枪伤）。钝器的性质软硬悬殊，坚硬（如钢铁、坚石、高强塑料等）、较硬（如木质等）、较软（如拳脚等）、柔软（如丝绸织物等），都能成伤。因此，较软的靴鞋踢伤应是钝器伤。

〔40〕保辜：宋时法律规定，凡殴伤人的，官府给伤人者一定的时间去救治受伤者，如受伤者在规定时间内死亡，则伤人者按伤人致死论处；如受伤者在规定时间内未死，伤人者仅负伤人之责，可以从轻判罪。这就叫保辜。其所规定时间，叫保辜期。当时对各种损伤可发生延缓性死亡已有认识。各种不同种类的致伤物形成不同部位的损伤，规定不同的保辜期限，这在当时医学理论（特别是病理学理论）水平还较低、对损伤致死的机制认识还较粗浅的情况下，是十分可贵的。但是，以现代医学、法医学观点看，规定的期限是不可取的。因为伤后延缓性死亡的原因很复杂，时间长短并无一定。损伤致生命重要器官（如脑、心、肺、肝、肾）功能受

害，因而死亡，伤与死是直接因果关系，但因有的损伤对机体生命功能影响的演变很复杂，因此其延缓时间长短不一，有的数天，有的可达几十天甚至更长。如有的心脏被刺破，未经手术，活了63天才死亡，解剖证实，心室被刺破3厘米，后被血块堵住，因而本是立即死亡的致命伤，却延长生命两个多月后，血块突然脱落，再次大出血而死。也有因伤而病，因病而死，伤与死间接因果关系。例如，一种病在当时的医学水平尚难诊断，结果以因伤而死，给伤人者以杀人罪论处；或许有的纯属病死，伤与死没有关系，由于未诊断出这种疾病，结果以伤致死论处。这些都是不科学的。保辜期内死亡，不一定就是因伤而死；保辜期到后死亡，也不一定非伤而死，所以保辜期限的作法不可取。

〔41〕风：指破伤风，即因伤而感染到破伤风杆菌发病致死。属因伤并发症而死。破伤风杆菌是厌氧菌，伤口未及时彻底清创，有可能感染。现在有破伤风抗毒血清（TAT），伤后及时注射，一般都可防止破伤风病。

〔42〕乾道六年（1170）：乾道（1165—1173）是南宋孝宗的年号。

〔43〕尚书省：官署名。中央掌管政务的总机构，下统六部（吏、户、礼、兵、刑、工等部），其长官为尚书令。

〔44〕嘉定十六年（1223）：嘉定（1208—1224）是南宋宁宗的年号。

〔45〕刑寺：即刑部、大理寺，官署名。刑部，宋代掌管国家的法律、刑狱事务的机构，长官为刑部尚书。大理寺，宋代的中央审判机关，负责审核全国各地的奏劾和疑狱大罪，以及审理京师百官的刑狱，长官为大理寺卿。

〔46〕条法：古代法典的一种形式，是有关法令与案例的汇编。

【译文】

对各种死因不明的尸体应该检验而不检验的；初验和复验相同。有时接到检验任务超过两个时辰还不出发的；遇到夜间的不计算在内，以下各条都按此办理。或者不亲自到现场验看尸体的；或者没有验定出创伤要害致死原因的；或者验定的结论不准确的，指把非正常死亡定作病死，因头伤致死而定为肋伤致死等。都按“违制罪”论处。如根据验尸报告判罪已造成“出入”的，不包括在“自首觉举”的范围之内。因情况复杂难以验明，作出鉴定而不妥当的，处杖刑一百。吏人、行人同样论罪。

各被派担任初验、复验的官员，如不属于死者死亡时间相隔太久［尸体高度腐烂］，而随便推说尸体已腐烂而不检验的，按应该检验而不检验的罪行论处。淳祐年间审定。

凡验尸，报案后超过两个时辰还不去请官的；请官一方违法，或者受请一方违法而不揭发的；或者请官验尸的公文送到应该接受而不接受的；或者担任初验任务的官吏、检验人员与担任复验任务的官吏、检验人员私下相见以及泄露所检验事由情况的，皆处以杖刑一百。如果检验完毕，不在当天内向所属上级申报的，也按此惩处。

各县凡受邀到其他地方官府请官验尸，有官员可以派出而推说无官员可以派出的；确实无官员可以派出而不及时发公文说明情由的；或者探知有请官公文送到，却以正在休假为借口而被免于担任检验任务的，都按“违制罪”论处。

各检验人员凡是凭借验尸而接受财物的，依照“公人法”处理。

凡是初验、复验等事应该委派官员的，应该委派与本案当事人没有亲故嫌怨关系并且不会妨碍案件正确处理的人。

各个命官在他任职的地方，任期已到而等候升赏的，不得被派去验尸，应由协理检验尸体的官员听从差派。

凡是验尸，州里应派司理参军去执行。司理院的囚犯死亡，则另委派别的官员验尸，如果州里只有司理院一院，也照此办理。县里应派县尉去执行，县尉缺员，就依次派主簿、县丞。县丞不得派出本县界外。监、当官都缺员的，县令应亲自前去验尸。如果尸体现场超出县界十里，或者检验本县囚犯的尸体，应发公文给离现场最近的县请官。州府所在县应该都申报州府。应当复验的，都应在派出初检官的当天，按先后等次发文给有关单位请官复验。首先，应发文给最邻近的县请官，如在百里之内没有县城的，发文请就近的巡检或都巡检。其中复验应该只派本县官员，而本县官员只有一人的，可照此办理，但指的不是当时正在外出执行巡捕公务的官员。

各位监、当官出城验尸的，县里要派手力伍人跟随当差值班。

凡是死者在将死还没死的时候，没有缌麻服以内的亲属在死亡现场的，如果是监禁的囚犯以杖刑替代徒刑被责打后十天之内及未判决而正在押送中死亡的，与此相同。都要派官员验尸。男仆女佣［死亡的］，如已录取生前的口头陈述，只委派公人验看就可以。囚犯死亡以及非正常死亡的，还要复验。复验完毕，就代为收埋。仍然要派人监视。死者亲戚要求收埋的，可以将死者尸体交给他们处置。如果知道死者有亲戚在其他地方的，应该通知他们。

凡是尸体应复验的，属州管的应申报州府，属县管的，在接到验尸公文时，发文给离尸体现场最近的邻县请官。公文中都不允许写出致死的原因。如果最近的邻县也相距百里以外而比本县到尸体现场还远的，只派本县官员复验。独员县则发文他县请官。

凡是请官验尸的，不得到隔着江、河、湖泊的他县请官，江、河指无桥梁可通的，湖泊是指水面阔而无法渡过的。也不能发文到独员县请官。州治所在的独员县，听凭发文请官，请官公文到达后即申报州府派官员前去。

凡是验尸，本应当发文到邻近县请官，却发文到了远县请官的，收到公文的县也应该接受办理，派官员去检验，事毕，申报该县上属的官署。

凡是遇到有尸体而应发文到邻近县请官检验或复验，而该县所应委派的官员却在别县，或远在百里之外，或正在病假之中，不妨碍执行所任职责的不算。又没有其他官员挪派的，接到请官公文后，应该在当天写明理由，在假期中的，要写明假期的起止日期。负责报告本州和提点刑狱司，并回复原发文单位，可再发文到按次序请官的别的县去。

凡是初验、复验的验尸格目，由提点刑狱司按规定格式印制，每套初验、复验的验尸表格各一式三份，按《千字文》[“天地玄黄宇宙洪荒……”] 顺序编号排列，盖印后下发各州、县。遇到检验，就用三份表格，先在州、县填写好有关栏目，交付给被派验尸的官员。等到检验结束，由检验官员按验尸结果如实填写，一份呈报州县，一份给被害人家属，无家属的即缴回提点刑狱司。一份写明日期时间字号，用急件快递，径直报送提点刑狱司审查。遇有第三次复验，也按此办理。

凡是因病死亡指不是在囚禁和押送中死亡的。应当验尸，但是如有和死者同居又是缌麻服以上的亲属，或者与死者分居，属于大功服以上的亲属来到死者死亡的处所，请求免予验尸的，听从免验。如果是和尚、道士，死前有家属在身边，小和尚、小道士，死前有师父在身边，而寺观的主持人又担保证明没有其他不正常事故的，也可免予检验。有的和尚、道士死前虽然没有家属在身边，但有寺观的主持或徒众担保证明的，也可按此办理免检。

凡是朝廷任命的官员因病死亡，指不是在囚禁和押送途中死亡的。如果已经取得本人死前的口述笔录，或者本人因暴病突然死亡，而他所居住的地方有寺观主持或店户、邻居及当地有关人员担保证明没有其他不正常情况的，经主管官府审查批准，可以听从免予检验。

各县的县令、县丞、主簿虽然都应派出验尸，但必须经常留下一人在县府值班。特别情况下全部缺员的，由州郡派官暂时代理。

凡是指称是按照“违制罪”论处的，不得按过失论处。《刑统·职制律》说，“违制罪”指奉照皇上的命令执行公务而违背旨意的，处徒刑两年；如果不是故意违旨而是因错误理解旨意以致违背的，处杖刑一百下。

凡是居于监督和主管地位的官员受财枉法，非法所得价值达二十匹绢的；没有官禄的人员受财枉法，非法所得价值达二十五匹绢的，处以绞刑。如果所犯之罪只够流罪以及虽受贿未枉法但赃物在价值五十匹绢以下的，发配本城服苦役。

凡是用毒药自己服食，或给别人服食，却诬告他人下毒，犯诬陷的罪而够不上判死刑的，发配到一千里外的地方服苦役。如果服毒人已经死亡，明知内情却诬告他人的，准许他人［将他］捕捉扭送到官府，并给赏钱五十贯。

凡是五服以内的亲属因病死亡，［死者亲属］却以其他缘故诬告他人的，按诬告法论罪，指声称被殴打死亡等等，以致官府准状，对尸体进行检验的情况。不适用荫赎减等的规定，也不在引虚减等的范围之内。如果五服以内的亲属自己相互诬告，以及男仆、女佣病死，他的亲属却以其他缘故诬告东家的，也按此处理。尊长诬告卑幼，有关荫赎减等的适用，自应依照原规定处理。

凡是有伪装疾病、死亡和创伤等情节，而验官受人指使，因此检验不确实的，各自按所指欺诈罪减轻一等论处；如果实属生病、死亡和受伤而不如实验报的，按“故入人罪”论处。《刑统》疏议规定：上述条款所说伪装疾病的，判处杖刑一百。检验不实的，与诈妄罪同，但可减轻一等，判处杖刑九十。

凡是尸体虽已经过检验，但实际上却是胡乱指认他人的尸体［作为被害人尸体］实行控告，致使官府信以为真，立案侦查审讯的，应按诬告法论处。如果是亲属到死者现场故意乱认尸体的，判处杖刑八十。被诬告的人在监禁中造成死亡的，对诬告者应按诬告罪加三等论处。如果是官员妄自立案审讯的，按“入人罪”（陷人于罪）论处。

《刑统》疏议说：用他物打伤人的，处杖刑六十。见血就算伤，除了用手脚，使用其馀的物体都算作使用他物，就是使用了兵器如果不是用锋刃的一面，也是称使用他物。

《申明刑统》说用靴、鞋踢人致伤的，按照官府的检验认定。如果是坚硬的靴、鞋，就按他物伤论处；如果不是坚硬的靴鞋，就难以作他物伤来论处。

凡是殴伤他人但未死亡需要保辜的案情，如果是用手脚打伤人的限期为十天，用他物打伤人的限期为二十天，如果用刀刃及汤火伤人的限期为三十天，打瞎眼睛、打断肢体及伤损骨头的限期为五十天。在保辜期限内死亡的，打伤人的人都要按杀人罪论处。凡是咬伤人的，按他物伤人罪论处。孕妇在保辜限期内流产的，流产后另加保限期三十天，但连同原殴伤的限期合计不得超过五十天。凡是在保辜期限外死亡，以及虽在限期内却是因其他原因死亡的，各按原殴伤罪的规定论处。其他原因是指另外增加其他疾病而死，例如打伤别人的头，破伤风从头部伤口侵入，因破伤风而造成死亡，仍然按杀人罪论处。如果不是因头伤患破伤风而死亡，就是属于因其他原因死亡，各自按原殴伤罪论处。

乾道六年，尚书省批复文书说："各州县的检验官员，都派文官充任，如果有缺官的地方，只有复检官才可派武官担任。"敕令所审定文书说："检验的官员自然应该依法委派文官。如果是边远小县，确实缺少文官的地方，复检官可暂时变通委派识字的武官充任。特此通知，望遵照执行。"

嘉定十六年二月十八日敕令说："大臣们奏议：'对于检验者没能鉴定出要害致命原因的，处罚是非常的严厉；而对检验不符事实的，却用"觉举"的规定，就随便得到宽免。希望圣旨下达刑部研究审核，颁发规定遵照执行。'经刑部、大理寺正副长官审议：'检验不当的，按"觉举"规定宽免自有现行条法规定；现在检验不符事实的，却也套用"觉举"的规定，随便地得到宽免。现审议决定：凡是朝廷命官检验不符事实或有失恰当的，一律不允许引用"觉举"的规定予以宽免。'其馀情节仍然都按照原规定执行。接到圣旨即遵照执行。"

二 检复总说上[1]

凡验官多是差厅子、虞候[2]，或以亲随作公人、家人名目前去，追集邻人、保伍，呼为先牌，打路排保，打草踏路[3]，先驰看尸之类，皆是搔扰乡众。此害最深，切须戒忌。

凡检验承牒之后，不可接见在近官员、秀才、术人[4]、僧道，以防奸欺，及招词诉。仍未得凿定日时于牒，前到地头约度程限，方可书凿，庶免稽迟。仍约束行吏等人，不得少离官员，恐有乞觅。遇夜，行吏须要勒令供状，方可止宿。

凡承牒检验，须要行凶人随行，差土著有家累田产、无过犯节级、教头[5]，部押公人看管。如到地头，勒令行凶人当面，对尸仔细检喝，勒行人、公吏对众邻保当面供状。不可下司，恐有过度走弄之弊。如未获行凶人，以邻保为众证。所有尸帐，初、复官不可漏露。仍须是躬亲诣尸首地头，监行人检喝，免致出脱重伤处。

凡检官遇夜宿处，须问其家是与不是凶身血属亲戚，方可安歇，以别嫌疑。

凡血属入状乞免检，多是暗受凶身买和，套合公吏入状，检官切不可信凭[6]，便与备申，或与缴回格目。虽得州县判下，明有公文照应，犹须审处，恐异时亲属争钱不平，必致生词，或致发觉，自亦例被，污秽难明。

凡行凶器仗[7]，索之少缓，则奸囚之家藏匿移易，妆成疑狱，可以免死，干系甚重。初受差委，先当急急收索，若早出官，又可参照痕伤大小阔狭，定验无差。

凡到检所，未要自向前，且于上风处坐定，略唤死人骨属，或地主、湖南有地主，他处无。竞主，审问事因了，点数干系人及邻保，应是合于检状着字人齐足，先令札下硬四至[8]，始同人吏向前看验。若是自缢，切要看吊处及项上痕；更看系处尘土，曾与不曾移动，及系吊处高下，原踏甚处，是甚物上得去系处；更看垂下长短，项下绳带大小，对痕阔狭，细看是活套头、死套头，有单挂十字系[9]，有缠绕系，各要看详。若是临高扑死，要看失脚处土痕踪迹高下。若是落水淹死，亦要看失脚处土痕高下，及量水浅深。

其馀杀伤病患，诸般非理死人，札四至了，但令扛舁明净处，且未用汤水酒醋，先干检一遍，仔细看脑后、顶心、头发内，恐有火烧钉子钉入骨内。其血不出，亦不见痕损[10]。更切点检眼睛、口、齿、舌、鼻、大小便二处，防有他物[11]。然后用温水洗了，先使酒醋蘸纸搭头面上、胸胁、两乳、脐腹、两肋间，更用衣被盖罨了，浇上酒醋，用荐席罨一时久，方检。[12]不得信令行人只将酒醋泼过，痕损不出也。

【注释】

〔1〕本节强调指出：去现场要快，不能骚扰群众；严格纪律，不能单

独行动；到达现场要先访问群众及询问有关人员，了解案情；勘验现场要有见证人；现场验尸要仔细，检验官要亲自查勘；不能听信家属要求而免验；注意保密。这些规定说明当时非常重视现场勘验，且有较完整的一套做法。这些规定今天仍有重要价值。

〔2〕厅子、虞候：官府中的差役、军校。

〔3〕打路排保，打草踏路：宋代验尸时，由案发地的基层组织（保甲）负责人保长负责摊派各户出钱、出草料，并派人当差给去尸场的道路铺草填路。

〔4〕术人：以炼丹、降妖、算命、相面等为职业的人。

〔5〕节级、教头：宋代军校的小头目，低级武官。

〔6〕这里指非正常死亡，即暴力死亡，应该检验，若免验，要由官方决定。结合前面条令篇所述的有关规定，说明当时对防止命案漏检方面，采取了全面的措施，十分难得，今天仍有重要意义。当今，有的死者家属出于种种原因，不同意或阻挠检验尸体。若不坚决执行“对于死因不明的尸体，公安机关有权决定解剖，并通知死者家属到场”的法律规定，就有可能因此而影响死因的确定及性质的判断，从而有可能失去获取犯罪证据的机会。

〔7〕行凶器仗：被用于谋杀的致伤物体。一般称致伤物。致伤物接触组织那个面的形状与伤痕的形态有关系，但不是像盖图章那样的机械反映。受到力的大小、力点、作用角度与方向、组织的特性及表面弧度等等的影响，反映的形态有多种变化，如同一斧背打击，可以打击出近十种不同形态的伤痕；而如斧背、锤面、棍棒等不同致伤物打击，又可出现类似的伤痕。因此，仅以伤痕形态、按其大小、宽窄，认定致伤物体，不但很困难且误差很大。本书在这方面的观点有较大的片面性。

〔8〕硬四至：尸体卧处至四周固定标志物交界处的距离为四至，陆地上为硬四至，水面上为软四至。

〔9〕十字系：即绳索打单扣。这种扣既不是活扣也不属死扣。这一段对缢颈及悬挂情况的现场检验要求，以及对高处坠落、淹死的勘查要注意的事项，都抓住了关键，有很大的实用价值。

〔10〕铁钉钉入组织时，钉尖挤开组织楔入，钉体跟进，对周围组织有明显挤压作用，血管被压缩，出血不明显，如烧热的钉子钉入时，周围组织发生热凝固，血管收缩，管内血液热凝成血栓，伤口出血更不明显，本书指出这点，可见作者检案经验十分丰富。当今钉颅案例不少，若未伤及生命中枢及较粗血管等要害部位，一般不会致死。

〔11〕他物：指异物。书中强调要检查五官及其他自然孔道有无异物，特别强调要注意肛门、阴部（道）两部位。古代的尸体检验能做到视线能

及的部位一一过目，也不放过任何可疑异常，这是难能可贵的，令现代法医学工作者赞叹。暴力作用于自然孔道，古代有，现代更不少见。电击、尖物刺入、塞毒药于耳道、鼻腔、肛门、阴道等均有，尤其要注意的是塞毒药于阴道深处，因其隐蔽性较大，若尸检不细，就会真相不明。

〔12〕古代验伤方法。用酒、醋烧热或不烧热湿纸敷贴皮肤，经一定时间，较淡的或较深处的皮下出血痕迹，就可显现出来。醋含醋酸（乙酸），浸润入皮肤，能使出血部位的血红蛋白与醋酸发生化学作用，颜色变暗褐。酒精能使皮肤表层增加透射性。因此，皮下出血痕迹就可透视出来。醋、酒加热后能增加浸润能力及化学反应速度。现代法医学工作者，检查皮下出血，还常用酒精擦拭，以增加其清晰度。

【译文】

大凡检验官员遇有检验任务时，大都是派些厅子、虞候，或者让亲信跟班督领差役、家丁等人前去，追寻召集邻人、保甲长，叫他们作前导，为检验官员打路排保、打草踏路，先到现场查看尸体等，都是骚扰乡民的行为。这样做的危害最大，一定要严加训诫禁止。

检验官员接到验尸公文之后，不可以再接见案发地附近的官员、秀才、术人、和尚、道士，以防被他们的奸谋所欺骗，以及招致当事人上诉指控。如请求验尸的公文上没有确定去检验的时间，则应根据到达尸体现场的实际路程估计所需要的时间，才可写明验尸时间，以防拖拉耽搁。并且要约束行人吏役等人员，不允许有一刻时间擅自离开检验官的身边，防止有索贿舞弊等行为发生。遇到夜间，行人吏役必须以书面做出保证，才可在外住宿。

凡是接到验尸公文去执行检验任务，而又必须带着凶手跟随去的，要差派在当地有家属、田产、无过错的节级、教头，率领公差看押凶手。到了尸体现场，要命令检验人员当着凶犯的面，对尸体仔细检验唱报，验毕，要命令行人、公吏对众邻人、保甲长当面作出负责的保证，不能把凶犯关押在县监狱中，以防发生串通做手脚的弊端。如没有捕获凶犯，就以邻人、保甲长作为公众见证人。所有验尸文件上填写的情况，不论是初检官还是复检官，都不得泄露。检验官员还必须亲自走到尸体跟前，监督检验人员检验唱报，以防止漏掉或隐瞒重要损伤处。

凡是检验官员遇到夜晚需找住宿的地方，必须问清楚所要住宿的人家是不是凶犯的亲戚，如果不是凶犯的亲戚，才可以住宿，以避嫌疑。

凡是死者的家属呈状请求免于检验的，大多是暗中被凶手买通私了，串同公差吏役呈递状子，检验官员千万不能听信，便替他备文申报免检，或让他缴回空白验尸表格。即使州、县批准了，并且已下达公文，也仍然要慎重处理，恐怕以后死者的亲属为分钱而引起争执，必然导致诉讼，或者问题暴露了，检官自然要受牵累，污秽一身，难以洗清。

凡是行凶器物，如搜缴稍不及时，那些奸刁的凶犯家属就会藏匿、转移、调换，伪装成疑案，从而逃脱死罪，这关系非常重大。检验官员一接到差遣委派，首先就应当紧急搜索凶器。如能及早地把凶器搜出交官，又可参照伤痕的大小、宽窄，确定检验结果，免出差错。

一旦到了验尸现场，检官自己不要马上径直上前看验，暂且在上风的地方坐定，传唤死者的近亲骨肉或地方主管、湖南有地方主管，其他地方没有。争讼人，审问事情的原因后，清点与本案有关系的人及邻人、保甲等人数，以及应该在验尸表上签字的人都齐全，先让差役丈量记录下尸体距四周有明显不可移动物体的距离的“硬四至”，然后再同公差吏役等一起上前看验。如果死者是自己上吊死的，一定要验明上吊的现场和死者颈上的吊痕，接着要验明拴绳处的灰尘，吊绳是不是移动过，以及拴吊绳处所与地面的距离，死者生前上吊时踏在什么地方、踏在什么物体上才能够着去拴挂吊绳；更要看绳子垂下有多少长短，套在颈上的绳带粗细对照脖颈上的吊痕宽窄是否相符；还要仔细查看绳套是活套头还是死套头，绳套有单打十字扣的、有缠绕扣的，都要看验仔细。如果是从高处扑下跌死的，要看失脚地方的泥土痕迹与脚印踪迹的高低。如果是落水淹死的，也要看失脚地方的泥土痕迹的高低，以及测量水的深浅。

其他的杀死伤亡、病患等各种非正常死亡的人，记录好尸场四面交界位置后，就让人把尸体抬到明亮干净的地方，并且暂时不要用热水、酒、醋擦洗尸体，先要对尸体干检一遍。要仔细检看后脑、头顶心、头发根，[这些地方]恐怕有经火烧过的钉子钉进头骨内。这类死伤，血不流出，也看不到伤痕。更一定要记住检验眼睛、口腔、牙齿、舌头、鼻孔以及肛门、阴部两处，以防留有其他物体。[以上程序之后，]先用温水洗净尸体，然后用纸蘸酒与醋敷贴在尸体的头面部、胸胁、两乳、脐腹、两肋等部位，用衣服、被子把尸体盖好，浇上酒和醋，再用草席紧盖一个时辰之后，再打开检验。不可听凭检验人员草草用酒醋浇泼尸体完事，那样草率从事，伤痕是显现不出来的。

三　检复总说下

凡检验，不可信凭行人，须令将酒醋洗净，仔细检视。如烧死，口内有灰[1]；溺死，腹胀，内有水[2]；以衣物或湿纸搭口鼻上死，即腹干胀[3]；若被人勒死，项下绳索交过[4]，手指甲或抓损；若自缢，即脑后分八字[5]，索子不交；绳在喉下，舌出[6]；喉上，舌不出。切在详细。自余伤损致命，即无可疑。如有疑虑，即且捉贼。捉贼不获，犹是公过，若被人打死，却作病死，后如获贼，不免深谴。

凡检验文字，不得作“皮破血出”。大凡皮破即血出。当云：“皮微损，有血出。”[7]

凡定致命痕[8]，虽小当微广其分寸。定致命痕，内骨折，即声说；骨不折，不须言“骨不折”，却重害也。或行凶器杖未到，不可分毫增减，恐他日索到异同。

凡伤处多，只指定一痕系要害致命。

凡聚众打人，最难定致命痕。如死人身上有两痕，皆可致命，此两痕若是一人下手，则无害；若是两人，则一人偿命，一人不偿命。须是两痕内，斟酌得最重者为致命。

凡官守戒访外事。惟检验一事，若有大段疑难，须更广布耳目以合之，庶几无误。如斗殴限内身死，痕损不明，若有病色，曾使医人、巫师救治之类，即多因病患死。若不访问，则不知也。虽广布耳目，不可任一人，仍在善使之，不然，适足自误。

凡行凶人不得受他通吐，一例收人解送。待他到县通吐后，却勾追。恐手脚下人，妄生事搔扰也。

凡初、复检讫，血属、耆正副[9]、邻人，并责状看守尸首。切不可混同解官，徒使被扰。但解凶身、干证。若狱司要人，自会追呼。

凡检复后，体访得行凶事因，不可见之公文者，面白长官，使知曲折，庶易勘鞫。

近年诸路宪司行下，每于初、复检官内，就差一员兼体究[10]。凡体究者，必须先唤集邻保，反复审问。如归一，则合款供；或见闻参差，则令各供一款。或并责行凶人供吐大略，一并缴申本县及宪司，县狱凭此审勘，宪司凭此详复。或小有差互，皆受重责。簿、尉既无刑禁，邻里多已惊奔，若凭吏卒开口，即是私意。须是多方体访，务令参会归一[11]。切不可凭一二人口说，便以为信，及备三两纸供状，谓可塞责。况其中不识字者，多出吏人代书；其邻证内，或又与凶身是亲故，及暗受买嘱符合者，不可不察。

随行人吏及合干人，多卖弄四邻，先期纵其走避，只捉远邻或老人、妇女及未成丁人塞责。或不得已而用之，只可参互审问，终难凭以为实，全在斟酌。又有行凶人恐要切干证人真供，有所妨碍，故令藏匿，自以亲密人或地客、佃客出官，合套诬证，不可不知。

顽因多不伏于格目内凶身下填写姓名押字；公吏有所取受，反教令别撰名色，写作被诬或干连之类，欲乘此走弄出入。近江西宋提刑〔12〕重定格目，申之朝省，添入被执人一项。若虚实未定者，不得已与之就下书填；其确然是实者，须勒令签押于正行凶字下。不可姑息诡随，全在检验官自立定见。

【注释】

〔1〕火场烟灰（雾状固体微粒）翻滚，人在其中呼吸，口鼻腔、咽喉气管、支气管就会有烟灰。这是被烧死者的重要征象。古代，局限于尸表检查，只发现口腔内有烟灰，若仅口腔有烟灰，尚不能确认生前烧，因移尸火场，烟灰也可飘落于口鼻内，须检见气管以下或食道有烟灰，才能认定是生前烧死。

〔2〕淹死（溺死）与腹胀并非必然同时发生。人在被淹过程中呛水，有可能吞咽大量水（溺液），致胃饱腹胀，但并非所有溺水者都有这征象。人入水后先是憋气，体内缺氧，二氧化碳增加，憋不住了再吸气，因而吸入液体，呼吸道被堵塞，气管黏膜神经受刺激，出现肺休克，意识丧失。整个过程若未产生强烈的吞咽反射，就不会吞水入胃，腹也不会胀。有学者统计，溺死者胃内无水（溺液）的占49.8%，也就是说胃内有溺液的只占溺死的50.2%，而胃内大量溺液致腹胀的就更少了。一般说会游泳的或水中挣扎明显的，呛水严重，胃内溺液也比较多。

〔3〕腹干胀：胃肠鼓气所致的腹部膨窿。本书认为捂闷口鼻致死，腹即干胀。这种说法缺乏科学根据，亦未得到现代法医学检案实践的证实。捂闷口鼻外孔致呼吸障碍，其窒息过程中，先出现吸气性呼吸困难，即由于体内缺氧，二氧化碳蓄积，产生强烈吸气，此时由于膈肌大幅度下降，腹腔容积变小，腹部隆起，但膈肌松弛回位时，腹部亦复原形，以后就是呼气性困难，此时也不会产生吞下气体的反射。总之，在窒息过程中应该不存在吞下气体致腹胀的问题。

〔4〕绳印指带状物压痕。被勒死者的颈部带状物压痕叫勒痕。围绕颈部的带状物两端被方向相反的力作用而收紧，结合处形成交叉压痕，

这是勒痕较常见的特征。本书指出这一点，说明古代检尸官在这方面观察仔细，十分可贵。但是，有交叉勒痕，并不能就此证明他杀。自杀、意外勒死的勒痕亦可如此。另一方面，勒痕不一定都有交叉，如打结、棒绞、重物坠、脚蹬等等各种勒式的勒痕，都可以没有相交，有些还呈八字形开口。

〔5〕缢死，指套在颈部带状物由于身体下坠而拉紧压迫颈部，因而致命。套在颈部的带状物有的两端斜行不接合，上升到悬挂点，所成压痕呈八字形，称八字不交缢痕。其部位在枕项（后脑）者较多，亦可在头颈的一侧或下颏部。自缢、他缢、意外缢死，都可以出现八字不交缢痕。另一方面，缢痕不一定都呈八字不交，有的闭合成人字，有的交叉，有的为绳结压痕等。被勒死者亦可有八字交形勒痕。因此，仅根据颈部带状物压痕呈八字不交，既不能认定缢死，也不能断定是自缢。本书讲的仅是其中的一种情况。

〔6〕舌出：指舌尖挺出齿弓甚至口唇外。颈前被压迫，力轴向后上时，舌根被挤压，推动舌体向前伸，舌尖即可挺出。缢、勒、扼颈前部，都可以出现，以缢较多见，但缢死者舌尖挺出率亦不高。压迫部位在颈前中部的较易出现此征象。本书指出，绳套在喉结（甲状软骨）下的舌出，在喉结上的舌不出。七百多年前验尸者就观察到这种关系，很了不起。当然不是绝对的，压迫喉结上有舌尖挺出，压迫喉结下，也有舌尖不挺出的。如压力较水平地向后压缩，舌尖就很难伸出。

〔7〕皮微损，有血出：说法似有误。《平冤录》改成："皮微损，血不出。"因皮肤有表皮、真皮、皮下组织三层，表皮层无血管神经，如果仅表皮伤，则不出血，伤及真皮或真皮下血管，才会有出血现象，皮微损若指表皮伤，则无出血，若这个"微"包括伤及真皮（总的说也是微伤）的话，"有血出"可成立。但就字面而言，"皮微损，血不出"似较妥当。

〔8〕致命痕：直接或间接致死的损伤。直接致命伤指伤与死之间没有别的因素起作用，伤→死，伤与死直接因果关系。间接致命伤指伤与死之间有中间致命因素作用，伤→中间致命因素→死亡，伤与死间接因果关系，如损伤致并发症、或损伤直接产生损伤病、或损伤加速原病恶化，因而死亡。致命伤一般外表能检见伤痕，但有的致命伤体表没有明显的征象，如重物压迫、高坠、重击躯干等，内伤十分严重，而皮肤可能仅有轻度皮下出血，呈现外轻内重的特点。至于有多处伤痕，只能指定一处为要害致命伤痕之说法，从现代法医学观点看，是不能接受的。多处损伤经检验认定致命伤，一般情况并不难，如果致命伤有多次暴力作用，如心脏被连续刺两刀，腹部被连击多拳致脾脏破裂而死，要定哪一刀哪一拳致命是

极难的。因此，如果二人同时刺同时打击，要从中定哪个对致命伤负主要责任，有时比较困难。

〔9〕耆正副：正副耆长，乡里差役。宋代于各乡挑选有勇力者担任耆长，设有正、副，负责协助县衙缉捕罪犯，维护本地治安。

〔10〕体究：察访调查，分析研究，即判案前的调查研究工作。

〔11〕参会归一：综合分析判断的方法，与今天说的唯物辩证分析法一致。宋慈在书中强调仔细验尸取得真实材料，深入调查访问，然后把各方面材料进行综合分析，互相参证，查清案件的真实情况，这是宋慈之所以伟大的地方之一。其实，这也是办案人员的职业要求、道德所在，凡案件中涉及人身伤、亡、病、残、生理状态、人身认定（体源、尸源）及有关方面问题，均应根据检验所见，结合现场情况，参考一般案情，进行综合分析，利用排除法，去伪存真，参会归一，作出正确结论。

〔12〕江西宋提刑：江西路提刑官，姓宋，生平不详。

【译文】

凡是检验尸身，不可［简单地］听信和任凭检验人员行事，必须让他们用酒、醋把尸体洗干净，仔细验看。如果是烧死的，尸体口腔内有烟灰；如果是淹死的，尸体肚腹鼓胀，里面有水；如果是用衣物或湿纸捂住嘴鼻闷死的，尸体便会肚腹干胀；如果是被人勒死的，尸体脖颈上必然有绳印相交的伤痕，有的尸体还有手指甲抓损之处；如果是上吊自杀而死的，绳印便会在尸体脑后作八字形分开，印痕不相交；绳索套在喉结下部的，舌头伸出口外；绳索套在喉结上部的，舌头不伸出。务必要仔细验看。如果［确定］是自己造成伤损而致命的，就不可怀疑他人。如有他杀的疑虑，则要等捉到凶犯后再断定。捕捉凶手而没有抓到，还是属于工作上的过失；如果是被人打死的，却验定为病死，以后如果捕获凶犯，那就免不了要受到严重处责。

检验文书上的文字，不能用“皮破血出”的字样，因为一般皮破就会血出，应当说“皮肤轻微损伤，有血流出”。

凡是确定为致命伤痕，即使很小，也应稍微扩大它的分寸。已确定为致命伤痕，并且内有骨折的，应当声明写清楚；没有骨折，就不必写上“骨头不折”，以免被误解为没有致命伤害。如果杀人凶器尚未找到，对伤痕的检验不能有丝毫的扩大或减小，恐怕以后搜缴到的凶器与伤痕对不上。

凡是有多处伤痕的，只能认定一处伤痕为要害致命伤痕。

凡是聚众打架被打死的人，最难确定哪一处是致命伤痕。如果死者身上有两处伤痕都能致命，而这两处伤痕如是同一人下手打的，那倒没什么麻烦；如果是两个人打的，就会有一个人偿命，一个人不偿命。所以必须对两处伤痕中斟酌出最重的定为致命伤。

凡是居官守职，应避免探访外事。只有检验尸身这件事，如果遇有重大的疑难问题，就必须多派人四下里探听察看情况而加以对证，尽可能地避免出差错。比如，斗殴被打而在保辜期限内死亡，伤痕又不明显，而死者又面有病色，生前曾经请医生、巫师救治过等等，那就大多是因生病而死亡的。如果不去访问调查，那就不可能知道。虽然派人多方探听察看情况，也不能专靠一人，关键还在善于使用他们，不然，反而会被他们欺瞒误事。

凡是凶手捕获后，不能让他就地吐供，要一律押解到县里。等他到县里全部招供后，再立即追捕同案犯。以防吏役下人，妄自生事，骚扰百姓。

凡是初验、复验完毕，死者亲属、正副耆长、邻人等都要求他们写出保证，负责看守尸身。千万不要与当事人一起解送官府，使他们白白地受到骚扰。只需押解凶手和证人。如果审判机关要找人，自然会传讯他们。

凡是检验之后，调查访问到行凶的原因和经过，不能公开写到公文上的，应该当面报告长官，使他知道内中曲折，以便顺利审讯。

近年来各路司法机关向下发文规定，常常在初检、复检官员当中，委派一人兼做“体究”工作。凡担任“体究”工作的，必须先召集邻人、地方保甲、中人反复审问。如果他们的证词基本一致，就汇合成一份供状；如果他们的所见所闻参差不一，就让他们分别各写一份供述。或者同时责令凶犯供述大概情况，一起呈报本县和上级司法机关。县审判官就凭这些材料进行审理，上级司法机关也凭这些材料进行审批。这些材料只要稍有差错，有关人员都要受到重责。主簿、县尉对滥用刑罚没有禁令，邻居百姓多数也已惊慌逃跑，如果仅仅是吏卒的话，那只是他们个人的私意，[不能简单听信]。应该多方访察，务必要使各方面的材料参会归一，相互参证，得出一个正确的结论。千万不可单凭一二个人的口述，便以为真实可信，或取得三两张供词，便以为可以敷衍塞责。况且证人中有不识字的，其供述大多出于吏人代写；而邻居、证人中有的又可能与凶犯是亲戚朋友，以及有的暗中被收买作伪证。对这些情况，检验官不可不仔细审察。

随行的吏役及有关人员，往往被买通而恐吓欺骗四邻，事先放纵他们逃避，只捉些远邻或老人、妇女和未成年的人来敷衍塞责。在这种情况下，如果迫不得已要使用他们的证词，那也只能作一些参考性的讯问，终究难以作为实据，是否可信，全在于检验官仔细斟酌。还有一些行凶人害怕重要的见证人如实供述，对自己有所不利，便故意叫他们躲藏起来，另叫与他自己关系亲密的人或长工、佃户等出庭见官，互相串通，制造伪证，这些情况，检验官不可不了解清楚。

凶顽的罪犯大多不肯认罪伏法，不肯在验尸表格“凶身”栏内签名画押，官府吏员则因索取贿赂，反教凶犯玩弄花招，写作被人诬陷或无辜受牵连等等，企图乘此机会搅乱案情，逃脱罪责，嫁祸于人。近来江西宋提刑重新修订了验尸表格，报经朝廷批准，增加了“被拘捕人”一栏。如果遇到凶犯真伪不能确定的，不得已就让他在此栏目内填写；那些已确定是真凶的，必须勒令他们在“行凶人”正栏栏目内签字画押。不能姑息迁就，关键在于检验官自己要拿定主意。

四　疑难杂说上

凡验尸，不过刀刃杀伤与他物斗打、拳手殴击，或自缢、或勒杀、或投水、或被人溺杀、或病患数者致命而已。然有勒杀类乎自缢；溺水类乎投水；斗殴有在限内致命而实因病患身死；人力、女使因被捶挞在主家自害、自缢之类。理有万端，并为疑难。临时审察，切勿轻易，差之毫厘，失之千里。

凡检验疑难尸者，如刃物所伤透过者，须看内外疮口，大处为行刃处，小处为透过处。如尸首烂，须看其原衣服，比伤着去处[1]。尸或覆卧，其右手有短刃物及竹头之类，自喉至脐下者，恐是酒醉擗倒，自压自伤。如近有登高处或泥，须看身上有无财物，有无损动处，恐因取物失脚自伤之类[2]。

检妇人，无伤损处，须看阴门，恐自此入刀于腹内。离皮浅则脐上下微有血沁，深则无。多是单独人、求食妇人。

如男子，须看顶心，恐有平头钉；粪门，恐有硬物自此入。多是同行人，因丈夫年老、妇人年少之类也。

凡尸在身无痕损，唯面色有青黯，或一边似肿，多是被人以物搭口鼻及罨捂杀[3]；或是用手巾布袋之类绞杀，不见痕，更看（顶）[项] 上肉硬即是[4]。切要者：手足有无系缚痕，舌上恐有嚼破痕，大小便二处恐有踏肿痕。若无此类，方看口内有无涎唾，喉间肿与不肿。如有涎及肿，恐患缠喉风[5]死，宜详。

若究得行凶人当来有窥谋，事迹分明，又已招伏，方可检出。若无影迹，即恐是酒醉卒死[6]。

多有人相斗殴了，各自分散。散后，或有去近江河、池塘边洗头面上血，或取水吃，却为方相打了，尚困乏，或因醉相打后，头旋落水淹死。落水时尚活，其尸腹肚膨胀，十指甲内有沙泥，两手向前，验得只是落水淹死[7]。分明其尸上有殴击痕损，更不可定作致命去处，但一一札上验状，只定作落水致命，最捷。缘打伤虽在要害处，尚有辜限，在法虽在辜限内及限外以他故死者，各依本殴伤法。注，他故谓别增余患而死者。今既是落水身死，则虽有痕伤，其实是以他故致死分明。曾有验官为见头上伤损，却定作因打伤迷闷，不觉倒在水内。却将打伤处作致命，致招罪人翻异不绝。

更有相打散，乘高扑下卓死亦然。但验失脚处高下，扑损痕瘢、致命要害处，仍须根究曾见相打分散证佐人。

凡验因争斗致死，虽二主分明，而尸上并无痕损，何以定要害致命处？此必是被伤人旧有宿患气疾[8]，或是未争斗以前，先曾饮酒至醉，至争斗时有所触犯，致气绝而死也。如此者，多是肾子或一个或两个缩上不见，须用温醋汤蘸衣服或棉絮之类罨一饭久，令仵作、行人以手按小腹下，其肾子自下，即其验也〔9〕。然后仔细看要害致命处。

昔有甲乙同行，乙有随身衣物，而甲欲谋取之，甲呼乙行，路至溪汀，欲渡中流，甲执乙就水而死。是无痕也，何以验之？先验其尸瘦劣、大小，十指甲各黑黯色，指甲及鼻孔内各有沙泥，胸前赤色，口唇青斑，腹肚胀。此乃乙劣而为甲之所执于水而致死也〔10〕。当究甲之原情，须有赃证，以观此验，万无失一。

又有年老人，以手捂之，而气亦绝，是无痕而死也。

有一乡民，令外甥并邻人子将锄头同开山种粟，经再宿不归，及往观焉，乃二人俱死在山。遂闻官。随身衣服并在。牒官验尸。验官到地头，见一尸在小茅舍外，后项骨断，头面各有刃伤痕；一尸在茅舍内，左项下、右脑后各有刃伤痕。在外者，众曰“先被伤而死”；在内者，众曰“后自刃而死”。官司但以各有伤，别无财物，定两相拼杀。一验官独曰：“不然，若以情度情，作两相拼杀而死可矣；其舍内者，右脑后刃痕可疑，岂有自用刃于脑后者？手不便也。”〔11〕不数日间，乃缉得一人，因仇拼杀两人。悬案明，遂闻州，正极典。不然，二冤永无归矣。大凡相拼杀，余痕无疑，即可为检验。贵在精专，不可失误。

【注释】

〔1〕有尖端物体以纵轴楔入组织，形成创深大于创口长的伤，称刺伤。有刃的尖器，尖端及刃口同时中断组织形成刺切创。贯穿肢体的刺伤，入口大于出口，检验时还应注意衣服的刺口，与皮肤入口作比较。本书明确地指出了这一点。

〔2〕失脚自伤：本书指出这种刺伤的原因，有些片面，仆卧者手握有尖物，躯干或颈前有刺伤，检验时既要考虑会不会酒醉跌倒意外刺伤致死，也要检验有无自杀、他杀的可能性。

〔3〕软物掩捂口鼻致呼吸障碍造成体内缺氧、二氧化碳蓄积而死亡，即窒息死。闷死者面色青紫，甚至肿胀，但这种征象非闷死者所特有，其他窒息，或尸体头面部较躯干低，血液坠积等等，都有可能出现，所以仅检见面色青紫，似有肿胀，不能就判定闷死。

〔4〕颈分前后二部，后部称项部。项部肌肉丰富，最大的为斜方肌、头夹肌、肩胛提肌、背棘肌等。本书认为手巾布袋之类软带勒颈致死，项肌坚硬，是判断的依据，这种认识缺乏科学性。柔软的宽带压迫颈部，皮肤的压痕不明显，而与颈部（包括项部）肌肉是不是坚硬并没有必然的联系。尸体上检见项部肌肉坚硬，首先考虑尸体变化的正常征象——骨骼肌僵硬，即尸僵，人死后经1—2小时，肌肉就开始僵硬，一般经4—5小时，颈项部肌肉僵硬。其次考虑局部尸体痉挛现象，即临死前该部肌肉强直性痉挛收缩，死后仍保留这种痉缩状态，直接进入尸僵，这种保持临死前瞬间肌肉痉缩所出现的姿态（势）现象称尸体痉挛。若出现，一方面难与正常尸僵鉴别，另一方面也难认定勒颈所致。

〔5〕缠喉风：古代中医学病名。急性喉部疾患总称。可因喉部肿胀致呼吸道狭小甚至堵塞，致窒息，或由于毒素作用等而死亡。

〔6〕酒醉卒死：酒醉是酒精中毒的表现。以精神（心理）活动障碍和运动异常为主。各种饮用酒含有一定浓度的酒精，如蒸馏白酒，酒精浓度可达50%—65%，黄酒一般有12%—17%。饮酒后血液酒精浓度逐步升高，达到0.1%—0.15%时，就会出现症状，达0.15%—0.25%时明显酩酊状态，出现一系列精神障碍及运动系统、心血管系统症状。达0.4%以上就可致死。根据中毒程度，一般可分为三期：兴奋期（轻度中毒），血中酒精浓度0.15%以下，主要表现为精神兴奋、欣快、语言失控、爆发力强，有的胆大妄为；共济失调期（中度中毒），血中酒精浓度达0.25%左右，主要表现动作不协调，眼光呆滞，舌硬口吃，脉速，头痛头晕；昏睡期（重度中毒），血中酒精浓度0.3%—0.35%，大脑深度抑制，昏睡，脉快呼吸慢，四肢冷，发展下去可因呼吸中枢麻痹而死亡。本书指出，如果没有他杀迹象，就可能是酒醉而突然死亡。这种说法欠科学。因非他杀者，还可能自杀或病死，或其他意外死亡，酒醉致死仅是诸多待排因素中的一种。疑此节文字有脱漏。

〔7〕淹死：即溺死。液体（溺液）淹没口鼻并被吸入呼吸道所致的死亡。吸入液体或在水中挣扎时，有可能产生吞咽反射，吞咽（水）入胃，若量较大，可出现胃满腹胀，溺死者胃有溺液的仅占50.2%，即有

49.8%溺死者胃内无溺液。溺死者“十指甲内有泥沙”的说法亦不全面。人受溺挣扎时，两手乱抓，有可能抓刮到泥沙。但是，若水深，人难沉到底，或河床为石板而无泥沙，或挣扎不明显等，指甲完全可以没有泥沙。相反，投尸入水，可因尸体漂流或捞尸过程中，尸体手指刮到河床泥沙，所以，水中尸体指甲有无泥沙，并不能作为判断是不是淹死的依据。仅在手紧抓水中物（泥沙、水草等）时，对判断生前落水才有价值。不过，本书说溺死者两手向前，是了不起的发现。人在深水区受溺下沉时，往往是俯姿，两上肢于胸侧稍屈前伸，两腿亦稍屈。当然，例外的情况亦不少。

〔8〕气疾：中医学病名。本书所述“气疾而猝死”。未详。

〔9〕肾子：即睾丸，男性内生殖器之一，产生精子及雄性激素等，男性的本质特征。一般有一对。卵圆形，位于阴囊内。阴囊舒缩性强，体温较高时，阴囊松弛，睾丸下坠，以增加散热，体表较冷时，阴囊收缩，减少散热，睾丸缩至阴囊上部，不会缩入下腹部。阴囊这种舒缩功能，使睾丸温度稳定，利于精子生长发育。尸体肌肉僵硬时，阴囊亦呈收缩状。身患暗疾，突然死亡（猝死），睾丸即上缩，这种说法缺乏依据。至于用温醋热敷阴囊，可使上缩的睾丸下降，则是物理化学作用，热醋酸可使阴囊皮肤及肌肉松软，睾丸即可在阴囊下部摸到。

〔10〕本书所列征象很难证明按入水中溺死。根据实际检验结果，不少溺死者（包括被人掀入水里溺死）没有本书所述现象，相反，非溺死者也有可能出现这些征象。

〔11〕枕部俗称脑后，自砍脑后不顺手，但也不是绝对不可以。本段所举为很成功的现场验尸，根据伤痕部位、程度，判断案件性质的案例，可见古代法医学检验已十分客观。

【译文】

凡是检验尸体，不外乎［查验］刀刃杀伤与钝器打伤、拳手殴击伤，或上吊自杀、或被人勒死、或自己投水、或被人溺死、或因病而死等等情况。但有被人勒死的尸身却像是上吊自杀；被人溺死却像是自己投水；斗殴致伤在辜限期内死亡的，［其中有的］却是因病而死亡的；还有男仆女婢因被拷打后，在主人家中自己伤害自己、自己上吊等情况。致死的原因和情况多种多样，往往成为疑难的案件。现场检验尸体时必须仔细审验检查，千万不可轻视马虎，因为检验时如有丝毫的差错，就会使断案产生极大的失误。

凡是检验疑难尸体，如果是被刀刃刺穿，透过肢体的伤，必须验明内外两面伤口，大的伤口是刀刃穿入的地方，小的伤口是刀刃穿透的地方。如果尸体已经腐烂，那就要验明死者原来穿的衣服，将衣服上刺破的地方对照身上的伤痕。尸体如果仆卧在地上，其右手握有短而带刃的东西以及竹头之类，从颈喉至肚脐以下有伤的，恐怕是因酒醉跌倒，自己压在尖锐物件上自伤而致死亡的。如果尸体附近有攀登高处的地方或泥土，必须验看死者身上有没有财物、四周有没有损折移动的地方，如果有财物和损折移动的地方，恐怕是因为取财物而失脚自伤跌死的。

检验女性尸体，如身上没查到损伤的地方，就要验看阴门，恐怕会从这里将刀插入腹内。刀伤离肚皮浅的，那肚脐上下就会有血晕微微呈现，刀伤离肚皮深的就没有。发生这类事情的大多是独身妇女或在外谋生的妇女。

如果是男性尸体，[身上没查到损伤]必须验看头顶心，恐怕钉有平头钉；还要验看肛门，恐怕有坚硬物体从这里插进去。[干这种事的]大多是与死者同行共居的人，如由于丈夫年老、妻子年轻[而谋害本夫]等。

凡是尸体全身没有伤痕，只是面色青紫，或半边脸像是肿胀，这种情况大多是被人用东西捂住嘴巴和鼻子闷死的，或者是用毛巾、布袋之类的东西勒死的，所以不见痕迹，只要再验看项部肌肉非常坚硬，就肯定是这样致死的。切切要注意的是：要看死者手脚有没有被捆绑的痕迹，舌头有无嚼破的伤痕，肛门和生殖器二处有无被脚踏肿的痕迹。如没有这些痕迹，才验看口内有没有唾涎，以及咽喉之间肿或不肿。如果口内有唾涎，以及咽喉肿胀，恐怕是患缠喉风死的，应详细验看。

如果追究凶手，查到他有窥伺时机蓄谋杀害的情节，事实清楚确实，并且本人已作招供伏罪，才可以作出检验结论。如果没有种种迹象，则可能是因酒醉而突然死亡。

常有这种事情，几个人相互斗殴以后，各自分散。离开以后，有的人到附近江河、池塘边洗濯头面上的血污，或者取水喝，却因为斗殴刚结束，身上无力困乏，或者因为酒醉相打后头晕，掉下水淹死。刚落水时还活着[随后才溺水死亡]，因此尸体肚腹膨胀，十个指甲内有沙泥，两手向前伸，检验结果只能是落水淹死。尽管他的尸体上有明显的殴打的伤痕，但不能定作致命的伤痕，而要[将各情节]一一记录在验尸报告书上，只能定作落水死亡，最为便捷。因为打伤虽然是在要害的地方，但还有辜限期，法律上在辜限期内与在辜限期外因其他原因死的，各按殴伤法论处。注：其他原因，指另外增加的其他病患而致死的情况。现在既然是落水身死，那么即使有伤痕，其实是因其他缘故而致死的，理由很清楚。曾经有位检验官，因为看到死者头上有伤痕，就定作因打伤昏迷，不自觉掉在水里淹死。竟把打伤的地方定作致命处，从而引起被定罪的人不断翻案。

还有的人互相殴打后散开，其中有的人从高险的地方失足摔下跌死，也是这样。这就要验明失脚处的高低，跌扑时的损伤痕迹、致命的要害部位在什么地方，还必须查问曾经亲眼看到相打后散去的见证人、旁证人。

凡是检验因争斗而致死的尸体，虽然争斗的双方当事人都很清楚，但尸体上却没有伤痕，怎样确定要害致命的原因呢？这类情况必定是被打伤的人原来就有气疾等老毛病，或者是没有争斗之前，先曾喝醉了酒，到争斗时恰好碰到老毛病发作，以致气绝身亡。遇到这类情况的，大多会有一个或两个睾丸缩上不见，要用温热醋水浸湿衣服或棉絮之类的东西盖在尸体的小腹和阴囊上，约一顿饭的时间，然后吩咐仵作、行人用手在小腹上向下按，缩上去的睾丸自然会下来，便是这类原因致死的明证。然后再仔细验看要害致命的部位。

从前有甲乙二人一同行路，乙随身带有衣物，而甲想要谋取它。于是甲叫乙跟着他走，涉水过河，刚到河中心时，甲就把乙按在水里淹死。这种情况而死的尸体是没有伤痕的，怎样检验它呢？［如果］先验看到乙的尸体确实瘦弱、矮小，十个指甲都呈乌黑色，指甲及鼻孔内皆有沙泥，胸前皮肤呈红色，嘴唇有青斑，肚腹肿胀，就能判定是乙体弱而被甲按于水中致命的。但是还要追查甲作案的原始情节，还必须要有赃证，以之与检验情况互相对照，这才会万无一失。

还有的老年人，被人用手捂住口鼻，就会气绝身死。这也是没有伤痕而死亡的一种情况。

有一个乡民，叫他的外甥同邻居的儿子拿着锄头一道去山上开荒种粟子，过了两夜还没回家，等他赶去看时，两个人都死在山上了。于是到官府报案。死者随身衣服都在。官府发文请官验尸。检验官到尸体现场，看到一具尸体在小茅屋的外面，颈后骨断折，头上、脸上都有被刀刃砍伤的伤痕；一具尸体在茅屋内，颈项左下方、右脑后部都有被刀刃砍伤的伤痕。对在屋外的尸体，众人都说是先被砍伤而身亡的。对在屋内的尸体，众人都说是以后自杀身亡的。办案的官员仅以两具尸体各有伤痕，没有其他财物的丢失，判定为两个人互相拼杀同时死。但有一个检验官发表了与众不同的意见："不是这样。假使用通常的情理来分析案子的情节，作出两人互相拼杀而共同死亡的结论，是可以的。但是那屋内的尸体，右脑后部的刀刃伤痕是值得怀疑的，哪里有自己用刀砍自己头后部的呢？那样砍法，手并不方便。"过了几天，捕捉到一个人，是他因有仇而把那两个人一起杀死的。一桩悬案才真相大白，于是报告州府，将凶犯依律处以死刑。如果不逮住真凶，那两个冤魂就永无归宿之日了。一般来说，双方互相拼杀，所有的伤痕都应检验得无可怀疑时，才可作出验尸结论。对于检验工作来说，最可贵的是精确专深，不可失误出错。

卷之二

五　疑难杂说下

有检验被杀尸在路旁，始疑盗者杀之，及点检沿身衣物俱在，遍身镰刀斫伤十余处。检官曰："盗只欲人死取财，今物在伤多，非冤仇而何！"遂屏左右，呼其妻问曰："汝夫自来与甚人有冤仇最深？"应曰："夫自来与人无冤仇，只近日有某甲来做债，不得，曾有克期之言。然非冤仇深者。"检官默识其居，遂多差人分头告示侧近居民："各家所有镰刀尽底将来，只今呈验。如有隐藏，必是杀人贼，当行根勘。"俄而，居民赍到镰刀七八十张。令布列地上。时方盛暑，内镰刀一张，蝇子飞集。检官指此镰刀问："为谁者？"忽有一人承当，乃是做债克期之人。就擒讯问，犹不伏。检官指刀令自看："众人镰刀无蝇子，今汝杀人，血腥气犹在，蝇子集聚〔1〕，岂可隐耶？"左右环视者失声叹服，而杀人者叩首服罪。

昔有深池中溺死人，经久，事属大家因仇事发。体究官见皮肉尽无，惟髑髅、骸骨尚在，累委官不肯验，上司督责至数人，独一官员承当。即行就地检骨，先点检见得其他并无痕迹。乃取髑髅净洗，将净热汤瓶细细斟汤，灌从脑门穴入，看有无细泥沙屑自鼻孔窍中出〔2〕，以此定是与不是生前溺水身死。盖生前落水，则因鼻息取气，吸入沙土，死后则无。

广右有凶徒谋死小童行，而夺其所赍。发觉，距行凶日已远。囚已招伏："打夺就推入水中。"尉司打捞已得尸于下流，肉已溃尽，仅留骸骨，不可辨验，终未免疑其假合，未敢处断。后因阅案卷，见初验体究官缴到血属所供，称其弟原是龟胸而矮小[3]。遂差官复验，其胸果然，方敢定刑。

南方之民，每有小小争竞，便自尽其命，而谋赖人者多矣。先以榉树皮罨成痕损，死后如他物所伤。何以验之？但看其痕里面须深墨色，四边青赤，散成一痕，而无虚肿者，即是生前以榉皮罨成也。盖人生即血脉流行，与榉相扶而成痕。若以手按着，痕损处虚肿，即非榉皮所罨也。若死后以榉皮罨者[4]，即苦无散远青赤色，只微有黑色，而按之不紧硬者，其痕乃死后罨之也。盖人死后血脉不行，致榉不能施其效。更在审详原情，尸首痕损那边长短，能合他物大小，临时裁之，必无疏误。

凡有死尸肥壮无痕损，不黄瘦，不得作病患死；又有尸首无痕损，只是黄瘦，亦不得据所见只作病患死检了，切须仔细验定因何致死。唯此等检验最误人也。

凡疑难检验，及两争之家稍有势力，须选惯熟仵作人，有行止畏谨守分贴司，并随马行，饮食水火，令人监之，少休以待其来。不如是，则私请行矣。假使验得甚实，吏或受赂，其事亦变。官吏获罪犹庶几，变动事情，枉致人命，事实重焉！

应检验死人，诸处伤损并无，不是病状，难为定验者，先须勒下骨肉次弟等人状讫，然后剃除死人发髻，恐生前被人将刃物钉入囟门或脑中，杀害性命〔5〕。

被残害者，须检齿、舌、耳、鼻内，或手足指甲中，有签刺筹害之类〔6〕。

凡检验尸首，指定作被打后服毒身死、及被打后自缢身死、被打后投水身死之类，最须见得亲切，方可如此申上。世间多有打死人后，以药灌入口中，诬以自服毒药〔7〕；亦有死后用绳吊起，假作生前自缢者；亦有死后推入水中，假作自投水者。一或差互，利害不小。今须仔细点检死人在身痕伤，如果不是要害致命去处，其自缢、投水及自服毒，皆有可凭实迹，方可保明。

【注释】

〔1〕蝇子集聚：这是《洗冤集录》中有名的案例，判断致伤物的一种间接方法。未洗干净的杀人凶器有血腥味，能引来嗅觉灵敏的苍蝇，为侦查指出方向。在科学技术尚不发达的古代，这种生物识别法还是有作用的，检验官能这样做，不能不说是科学之举。但是，某物件能引蝇叮，非局限血腥味，即使血腥味，也不一定就是人血，若为人血，也不一定与本案有关，所以这种生物识别法有很大的局限性。现代法医学手段已经很丰富，对致伤物有无人血及体源认定，运用血清免疫学原理及技术方法、DNA检测、光电仪器分析等，检验灵敏，结果可靠。

〔2〕颅骨灌水验沙，古代检验溺死的方法之一。人的耳、鼻、口通咽。死者生前落水时在憋气到最大限度之后，本能地出现大力吸气动作，从而吸进水及泥沙（如有泥沙的话），这泥沙不但可存在鼻腔、咽、喉及气管以下呼吸道，还可进入副鼻窦，甚至往耳咽管到中耳。经向颅脑灌水，这些孔道就有可能流出泥沙。在古代能进行这种检验，在一定程度上是可取的。然而，此种征象非溺死特有，亦非固有。死后入水，泥沙亦可沉积于鼻孔、耳道等穴道，向颅腔灌水，从这些穴道流出的水当然亦会有泥沙。另一方面，如水清而深，溺死者未沉底，或河床（水

底）干净，即无泥沙吸入，灌水试验当然无阳性可言。

〔3〕龟胸：即鸡胸，胸骨及肋骨发育畸形，以胸骨为中线凸出而得名，多见于佝偻病。这是古人进行尸源认定（个人识别）的例子，有其科学性。当时人类学尚处在很不完善的阶段，能以骨骼识别尸源，确是了不起。现代法医学对尸骨的身份认定，广泛运用体质人类学理论及技术手段，以及染色体、DNA 检验等，能确认性别、身高、骨骼特征以及年龄等。

〔4〕榉皮：榉树为榆科植物，落叶乔木，皮叶入药，用皮叶捣碎敷皮肤，使表皮染成青紫色，似皮下出血，还能腐蚀皮肤，但切开皮肤无凝血状。

〔5〕囟门：颅腔由八块颅骨接合而成。新生儿颅骨生前发育过程中尚未接合的较大间隙，称囟门。有额囟（前囟、额骨与左右顶骨接合处）、枕囟（后囟，枕骨与左右顶骨接合处），此外还有乳突囟、蝶囟。在儿童期前后囟门均已闭合，本处指的可能是其部位，并非未闭合的囟门。

〔6〕签刺：细长尖硬物刺入组织。古代法医学检验已注意到尖物刺入自然孔道的隐蔽作案手段。但书中所述部位被刺，如果未伤及重要器官，不一定会致死，如刺指（趾）尖，虽疼痛难忍，但一般不致命，刺入耳、舌、鼻内，一般亦不致命，即使刺入颅内，不伤及生命中枢及大血管，亦可不死。

〔7〕“以药灌入口中……”句：死后灌药，一种对死亡性质的伪装手段。本书这段话足见我国古代法医学的先进。强调对死因及死亡性质的认定，必须在详细检验的基础上作出，这观点对今天法医学检验仍有指导意义。死后灌药，伪装自杀或意外死亡，当今还经常遇到，如扼颈致死后，往嘴里灌杀虫剂之类味道很浓的有毒物质，粗心的检验者，一嗅到死者口腔有浓郁的似某种毒物的气味，就忽视了其他检验，结果上当受骗。

【译文】

有个检验官检验被杀死在路边的尸体，起初他怀疑是被盗贼所杀，经查点随身衣服财物都在，全身被镰刀砍伤十多处。检验官说：“盗贼杀人只是为了抢夺财物，现在财物都在而刀伤很多，不是仇杀又是什么？”于是叫随从人员退下去，唤死者的妻子来问：“你丈夫向来与什么人冤仇最深？”回答说：“我丈夫与人从来没有冤仇，只是前几天有某甲前来借钱，没借给他。他曾扬言限期取钱，但与他并不是冤仇很深。”检验官心中暗暗记住了某甲的住处，于是就派了许多差人分头告示某甲附近的居民：“各家所有镰刀统统拿出来，立即呈交检验。如果有隐藏不交的，必然是杀人凶手，一定要彻底追究查办。”一会儿，居民送缴来镰刀七八十把。检验官吩咐排列地上。当时正是盛夏暑热天气，其中有一把镰刀，许多苍蝇飞来聚集在上面。检验官指着这把镰刀问:“这把镰刀是谁的?”当即有一人出来承认是他的，此人就是借债没借到而扬言限期要钱的人。于是立即将此人逮捕审问，此人不服罪。检验官指着这把镰刀叫他自己去看:“其他人的镰刀上都没有苍蝇，现在你杀了人，镰刀上的血腥气还在，所以苍蝇聚集在上面，难道这可以隐瞒得了吗?”左右围观的人都禁不住发出叹服声，那个杀人凶犯也只好叩头认罪。

从前深水池中有个淹死的人，事情隔了很久，由于事情关系到一个有钱有势的大户人家，因仇事才被人揭发出来。预审官所看到的尸体皮肉都烂掉了，只有髑髅、骸骨还在。上司多次派官，可谁也不肯去检验，督责了好几个人，才有一位官员愿意承担验尸工作。这位官员便到当地检验尸骸。他先点检一遍骨头，并没有发现骨骸上什么损伤痕迹，就将髑髅洗干净，用盛着干净热水的瓶子慢慢地向它灌水，水从脑门穴流进去，细看有没有细泥沙屑从鼻孔洞中流出，以便根据发生的现象来判定是不是生前落水淹死的。因为凡是生前落水淹死的，就会由于鼻孔的呼吸，吸进水中的沙土，死后扔到水中的就没有这种现象。

广西有个凶徒谋杀了一个小和尚，并抢夺了他携带的财物。案发时离行凶日期已有很长时间了。凶犯已经招供认罪:“打劫后就把他推到水中。”县尉派人打捞，也在河流下游捞到尸体，肌肉已经烂尽了，只剩骸骨，不能辨认检验。承审官员始终怀疑这是一种巧合，不敢处刑断案。后来因翻阅案卷，看到初验预审官收到的死者血亲所作的供述，说他的弟弟生来就是龟胸而又矮小。于是派官员复验，尸骸胸骨正是这样，才敢定案判刑。

南方的百姓，常会为小小的争执就自杀而图谋诬赖对方，这样的事情是很多的。诬赖的办法是先用榉树皮捣烂敷在皮肤上伪装成伤痕，自杀身死后就像是用他物打伤的。怎样来检验鉴别它呢？只要验看那“伤痕”里面是深黑色、四边青红，散成一块痕迹，而又不浮肿的，这就是生前用榉树皮敷成的假伤痕。因为人活着血脉流通，与榉皮汁相互作用就会形成这样的痕迹。如果用手按捺伤痕处，有浮肿现象的，就不是用榉树皮敷装的假伤。如果是死后用榉树皮敷上的，就没有向四边扩散开来的青红色，只微微呈现黑色，而按捺伤痕处也不会感到紧硬，这样的伤痕就是死后敷装成的。这是由于人死后血脉不流通，致使榉皮汁不能发挥效用的缘故。处理这类案件，更重要的是在于审察清楚案子的原始情节，验看尸体伤痕哪边长哪边短，是否符合凶器打击部位的大小尺寸，办案时要全面审查分析，这样才一定不会有差错。

凡是死尸肥壮，没有伤痕，又不黄瘦，不能定作生病死亡；又有的尸体没有伤痕，只是黄瘦，也不能仅仅根据所见现象就作为生病死亡来检验完事，务必要仔细检验确定由于什么原因致死的。这类尸体的检验是最容易出错误人的。

凡是对疑难尸体的检验，以及争执双方都有势力的，一定要挑选老练成熟的检尸人员和有品行、小心谨慎、安分守法的文书，并让他们紧紧跟在检验官的坐骑左右行走。若逢吃饭、大小便，都要派人监视，检验官可稍作休息，等他们回来后再一同行动。如果不这样做，那么私下托情的事情就会发生了。即使检验出真实的死因，而吏役如接受了贿赂，那么案情事实也会有改变的。承办官员因此获罪倒还在其次，变动了案情事实，枉杀无辜，后果就实在太严重了！

应该受检验的死者，各处都没有伤痕，又不呈现病死的情状，难以作出检验结论的，先要勒令死者的亲属等人依次立据，然后剃掉死人发髻验看，恐怕生前被人用尖锐的器物钉入囟门或脑中，而被杀害性命。

被残酷杀害而死亡的，必须检验牙齿、舌头、耳朵、鼻孔内，或手指足趾甲中，是否有签刺入而杀害致命的情节。

凡是检验尸体，对于被认定是被殴打后服毒身死、被殴打后自己上吊身亡以及被殴打后投水自杀之类的案件，最需要验看清楚确切，才可以呈报上司。社会上常有打死人以后，用药灌进死人嘴里，伪装成服毒自杀的；也有人死后用绳索将死人吊起来，假装成生前上吊自杀的；还有人死后把死人推在水中，假装成自己投水死的。检验这类尸体，如一有差错，危害不小。因此必须一处一处地仔细检验死者身上的伤痕，如果没有伤及要害致命的部位，那么，被打后自己上吊、自己投水及自服毒药自杀等等认定，都必须要有真凭实据，才可以作出结论。

六 初 检

告状切不可信，须是详细检验，务要从实。

有可任公吏使之察访，或有非理等说，且听来报，自更裁度。

戒左右人，不得卤莽。

初检，不得称“尸首坏烂，不任检验”，并须指定要害致死之因。

凡初检时，如体问得是争斗分明，虽经多日，亦不得定作无凭检验〔1〕，招上司问难。须仔细定当痕损致命去处。若委是经日久变动，方称尸首不任摆拨。

初检尸有无伤损讫，就验处衬簟尸首在物上，复以物盖。候毕，周围用灰印，记有若干枚，交与守尸弓手〔2〕、耆正副、邻人看守，责状附案，交与复检。免至被人残害伤损尸首也。若是疑难检验，仍不得远去，防(要)[复]检异同。

【注释】

〔1〕无凭检验：即无法检验。古代验尸仅作尸表检查，如尸表已高度腐败溃烂，或被动物毁坏，一般就无法检验。现代法医学检验技术先进，可检验每个脏器组织及骨骼（包括毛发、牙齿），并进行毒物分析等。高

度腐败的尸体、碎尸块、尸骨等，都有可能被检测到重要征象，为判断死因、死亡性质、死亡时间、死者身份等，提供依据。

〔2〕弓手：古时，维持地方治安的兵勇射手。

【译文】

对告状者切不可轻信，必须要经过详细检验，务必以事实为根据。

要挑选可信任的吏役公差，派他们去进行察访，如有非正常死亡等方面的说法，姑且听他们报告，自己再作研究决定。

要告诫手下人，不可鲁莽行事。

对尸体作初次检验，不允许随便就报称“尸首腐烂，不能检验”，并必须明确指出致死的要害原因。

凡是初次检验，如调查访问到确实是因争斗致死，虽然已经时隔多日，也不能定作“无从检验”，以免招致上级驳回。必须仔细检验出致命的伤损部位。如果确实是间隔时间太久而尸体腐烂不堪，才可报称尸首无法检验。

尸体经初次检验后，不论有无损伤，都应在验尸的地方铺垫竹席，将尸首安放在席子上，再用东西盖好。等到这些事做完，在周围盖上石灰印，记下灰印有多少枚，交给守尸的弓手、正副耆长、邻人看守，责令他们立下字据附在案卷里，交给复检官。以免发生再被人伤残破坏尸首的事。如果是疑难的检验，初检官就不能远离尸体，以防复检时发生与初检不一致的情况。

七 复 检[1]

与前检无异，方可保明具申。万一致命处不明，痕损不同，如以药死作病死之类，不可概举。前检受弊，复检者乌可不究心察之，恐有连累矣。

检得与前验些小不同，迁就改正；果有大段违戾，不可依随。更再三审问干系等人，如众称可变，方据检得异同事理供申。不可据己见，便变易。

复检，如尸经多日，头面胖胀，皮发脱落，唇口翻张，两眼叠出[2]，蛆虫咂食，委实坏烂，不通措手，若系刃伤、他物、拳手足踢痕虚处，方可作无凭复检状申。如是他物及刃伤骨损，宜冲洗仔细验之，即须于状内声说致命，岂可作无凭检验申上？

复检官验讫，如无争论，方可给尸与亲属。无亲属者，责付本都埋瘗，勒令看守，不得火化及散落。如有争论，未可给尸，且掘一坑，就所簟物舁尸安顿坑内，上以门扇盖，用土罨瘗作堆，周回用灰印印记，防备后来官司再检复，仍责看守状附案。

【注释】

〔1〕复检：复核检验、再检验。古代尸检制度严格，被杀死的，初检后都要由上一级官员复检，一般尸体也常要复检。现代法医尸体检验，只有在对检验结果有疑义或有遗漏时，才进行复检。同时，复检可多次进行。

〔2〕两眼叠出：尸体高度腐败征象之一。眼球内充满腐败气体而突出，与全脸肿胀、鼻粗唇厚、舌伸出、颈项粗大，构成巨人容貌。

【译文】

复检与初检没有不同的情况，才可作出结论备文上报。复检时，万一致命部位不清楚，损伤情况不一样，比如用药毒死作为病死之类，不可马虎上报。[如果]初检者受贿舞弊，复检的人怎么可以不用心审察呢？[否则]对自己恐怕也会有连累的啊！

复检结果与初检只有细微的不同，可以迁就改正；如果真有重大的出入，就不可依从随同。更需再三审问案件的关系人，如果大家都说可变改，才可以根据复检的结果与初检不同的事实、理由一并拟文申报。不能根据一己之见就变更改动。

复检时，如果尸体已经间隔很多天，头脸肿胀，皮肤毛发脱落，嘴唇外翻张开，两眼突出，蛆虫在尸体上涌动吮食，确实腐烂得无从下手，而且是刀刃伤、他物伤、拳手伤、脚踢伤，伤痕是在皮肉虚软的地方，才可以作出“无法复检”的结论，具文申报。如果他物伤、刀刃伤已使骨头伤损，就应该将尸体冲洗后仔细验看，并必须在验尸报告中说清楚致命原因，怎能随便作“无从检验”的结论向上司申报呢？

复检官复检完毕，如果有关各方都无异议，才可以将尸体交给死者亲属。死者无亲属的，交付当地保甲长负责掩埋，并命令他们看守，不准将尸骨火化或者让它散落。如果当事人对检验有争论，就不可将尸骨交与死者亲属。可以暂时挖一个坑，将它连同垫盖的东西一道安放在坑内，上面盖好门板，用土掩埋成坟堆，周围用石灰印打上印记，防备以后官府再来复检。仍旧需要责令看守人员立下字据附在案卷里。

八 验 尸

身上件数，正头面：有无髻子。发长、若干顶心、囟门、发际、额、两眉、两眼、或开或闭，如闭，擘开验眼睛全与不全。鼻两鼻孔、口或开或闭、齿、舌如缢，舌有无抵齿。、颏、喉、胸、两乳、妇人两奶膀。心、腹、脐、小肚、玉茎、阴囊、次揣捻两肾子全与不全，妇人言产门，女子言阴门。两脚大腿、膝、两脚臁肕、两脚胫、两脚面、十指爪。

翻身：脑后、乘枕、项、两胛、背脊、腰、两臀瓣有无杖疤、谷道、后腿、两曲脉（qiū）、两腿肚、两脚跟、两脚板。

左侧：左顶下、脑角、太阳穴、耳、面脸、颈、肩膊、肘、腕、臂、手、五指爪、全与不全，或拳或不拳。曲腋、胁肋、胯、外腿、外膝、外臁肕、脚踝。右侧亦如之。四缝尸首须躬亲看验：顶心、囟门、两额角、两太阳、喉下、胸前、两乳、两胁肋、心、腹、脑后、乘枕、阴囊、谷道，并系要害致命之处，妇人看阴门、两奶膀。[1]于内若一处有痕损在要害，或非致命，即令仵作指定喝起。

众约死人年几岁，临时须仔细看颜貌供写，或问血属尤真。

凡验尸，先令多烧苍术、皂角，方诣尸前[2]。检毕，约三五步，令人将醋泼炭火上，行从上过，其秽气自然去矣[3]。

多备葱、椒、盐、白梅[4]，防其痕损不见处，借以拥罨。仍带一砂盆并捶，研上件物。

凡检复，须在专一，不可避臭恶。切不可令仵作、行人遮闭玉茎、产门之类，大有所误。仍仔细验头发内、谷道、产门内，虑有铁钉或他物在内。

检出致命要害处，方可押两争及知见亲属令见，切不可容令近前，恐损害尸体。

被伤处须仔细量长阔、深浅、小大，定致死之由。

仵作、行人受嘱，多以芮一作茜。草[5]投醋内，涂伤损处，痕皆不见。以甘草[6]汁解之，则见。

人身本赤黑色，死后变动作青瓯色，其痕未见。有可疑处，先将水洒湿，后将葱白拍碎令开，涂痕处，以醋蘸纸盖上，候一时久除去，以水洗，其痕即见。

若尸上有数处青黑，将水滴放青黑处，是痕则硬，水住不流；不是痕处软，滴水便流去[7]。

验尸并骨伤损处，痕迹未见，用糟、醋泼罨尸首，于露天以新油绢或明油雨伞覆欲见处，迎日隔伞看，痕即见[8]。若阴雨以熟炭隔照，此良法也。或更隐而难见，以白梅捣烂，摊在欲见处，再拥罨看[9]。犹未全见，再以白梅取肉，加葱、椒、盐、糟一处研，拍作饼子，火上煨令极热，烙损处，下先用纸衬之，即见其损〔10〕。

昔有二人斗殴，俄顷，一人仆地气绝，见证分明。及验出，尸乃无痕损。检官甚挠。时方寒，忽思得计，遂令掘一坑，深二尺余，依尸长短，以柴烧热得所，置尸坑内，以衣物覆之。良久，觉尸温，出尸以酒醋泼纸贴，则致命痕伤遂出〔11〕。

拥罨检讫，仵作、行人喝四缝尸首，谓：尸仰卧，自头喝：顶心、囟门全，额全，两额角全，两太阳全，两眼、两眉、两耳、两腮、两肩并全，胸、心、脐、腹全，阴肾全，妇人云产门全，女人云阴门全。两髀、腰、膝、两臁肕、两脚面、十指爪并全。

左手臂、肘、腕并指甲全，左肋并胁全，左腰、胯及左腿、脚并全。

右亦如之。

翻转尸：脑后、乘枕全，两耳后、发际连项全，两背胛连脊全，两腰眼、两臀并谷道全，两腿、两后瞅、两腿肚、两脚跟、两脚心并全。

【注释】

〔1〕要害致命之处：指与生命活动紧密相关，严重损伤可直接致死的部位。本书所列头颅、颈部、胸腹部，从整体上说是要害部位，但损伤不一定致命。阴部及肛门是重要部位，暴力作用致伤，一般不致命，虽然偶尔可因反射性休克致死，但不是要害致命部位。书中所列检验顺序和项目是宋代统一规定的，今天仍可借鉴，肉眼能看到的尸表各部位都要检查，不漏过任何微小的异常。

〔2〕苍术：菊科植物，多年生直兰草本，根状茎入药，燥湿健脾。皂角为豆科植物，落叶乔木，高可达30米，结荚果，富皂质，可洗衣物。入药，祛痰开窍。古代验尸时烧苍术皂角去秽气。

〔3〕醋能除臭，尸臭主要是硫化氢及氨，验尸人员衣服、毛发、皮肤均可被恶臭物质沾附，古代用食醋（含3%—5%醋酸）蒸气进行化学除臭。

〔4〕白梅：未成熟的梅果，经盐水浸泡成青白色。绿色的梅果称青梅，带红色的称花梅。味极酸，入药及食用。古代法医检验，用白梅肉酱敷伤处，利用梅的有机酸透过皮肤，使游离的血红蛋白变性，颜色加深，从而使有皮下出血的伤痕更明显。

〔5〕芮草：原注："一作茜草。"从书中陈述的使用情况来看，应是茜草。茜草又称"血见愁"、"血茜草"，含茜素，是天然大红染料。根入药，凉血止血，消瘀血肿胀。用茜草汁涂损伤处成一片红色，影响伤痕的检查。

〔6〕甘草：亦称甜草。多年生草本植物，根及根状茎含甘草甜素，著名中药。书中所提茜草浸醋涂伤痕，使之红染，涂于甘草汁，能化解，除去红染，伤痕重现。此法未经实验检验，暂存疑。

〔7〕滴水试验，这个检验损伤的方法不科学。滴水流走与不流走，视滴的部位高低，高出周围，水则往低处流。低于周围，水当然不流走。还有物体表面的张力影响，以硬与不硬判断有无伤痕，也不科学，皮肤肌肉受伤可因出血、收缩、发炎或尸体皮肤皮革样变等而变硬，亦可伤而不硬。

〔8〕古代的雨伞用纸制成，并经桐油油过，多为红、褐、淡黄或桐油本色，太阳照射，部分色光被吸收，透过的红外、紫外光线照射在体表上，可被利用观察生前骨骼的伤痕，与现代用紫外线照射，检查骨骼生前伤的血浸现象相似，符合光学原理。

〔9〕白梅敷骨，也是用白梅的酸性使血红蛋白颜色加深，以呈现伤痕。

〔10〕用白梅的酸，酒糟的酒精制成成形物（饼），煨热烙伤处，增加分子扩散速度及浸润性，使瘀血处血红蛋白变性，颜色加深，皮肤透射性增加，从而使伤痕明显。

〔11〕给尸体加热，再用酒醋敷贴，呈现伤痕，原理同上。

【译文】

尸身上应检的项目有：

正面、头部：头上有无髻子、头发长多少、顶心、囟门、发际、额部、两眉、两眼、是睁开还是闭着，如果闭着，应撑开眼睑，检验眼球是否完整。鼻子、两鼻孔。嘴巴、是张开还是闭着。牙齿、舌头、如是上吊自杀，应看舌头有没有抵着牙齿。下巴、咽喉、胸部、两乳、女人两乳房。心口、腹部、肚脐、小肚子、阴茎、阴囊、验看后用手捏摸两个睾丸是否齐全，已婚女子称作产门，未婚女子称作阴门。两下肢的大腿、膝盖、两小腿、两踝、两脚背、十个脚趾头和趾甲。

将尸体翻身检验背面：后脑、枕部、项部、两个肩胛、背脊、腰、两臀瓣、有无杖伤疤痕。肛门、大腿后侧、两腿弯、两腿肚、两脚跟、两足底。

左侧：左头顶下方、脑角、太阳穴、耳、左脸、侧颈、肩膀、肘、腕、臂、手、五个手指及指甲、是否完整，有否拳曲。腋窝、胁肋、胯、大腿外侧、膝外侧、小腿外侧、脚外踝。右侧也与左侧同样检验。对尸体的前后左右，检验官必须亲自验看：头顶心、囟门、两额角、两太阳穴、喉下、胸前、两乳、两胁肋、心口、腹部、脑后、枕部、阴囊、肛门，都是要害致命部位。妇女要验看阴门、两个乳房。其中如果有一处有伤痕而且是要害部位，即使不是致命伤，也要责令检验人员验明唱报。

要众人回答死者年龄大约是多少岁，检验当时必须仔细观察死者容颜面貌并描述在案，或者讯问死者的亲属就更真实可靠。

凡是检验尸体，先要吩咐多烧些苍术、皂角，然后检验人员才可走到尸体近前。检验完毕，在距尸体三五步远的地方，吩咐人用醋浇泼在炭火上面，检验人员从上面跨过，身上沾带的污秽气味就自然去除掉了。

检验时，要多准备些葱、椒、盐、白梅，预防尸身上有看不大清楚的，用来贴敷［显现］。还要带一个瓦盆和槌子，捣研上面提到的物品。

凡是初验、复验，必须要专心一意，不可躲避脏臭，切不可叫检验人员用它物遮盖阴茎、产门等类部位，这样就会误事。还要仔细验看头发里面、肛门、产门里面，恐怕有铁钉或其他东西钉塞进去。

检验出了致命要害的部位，才可押来本案双方当事人和见证人、死者亲属，让他们［站在远处］看尸体，决不能允许他们走到尸体跟前，以防损害尸体。

受伤部位的伤痕要仔细量出长与阔、深与浅、大与小的尺寸，认定致死的原因。

检验人员被买通受托，往往［事先］用茜草放在醋里，用它涂在有伤痕的地方，伤痕就看不出来。对此，可用甘草涂抹化解掉茜醋的作用，伤痕便可重现出来。

人的身体本来是红黑色的，死后尸体腐败就变为青胍（ōu）色，身上的伤痕就看不出来。如果有值得怀疑的地方，先用水把尸体洒湿，然后把葱白拍碎摊开，涂敷在怀疑有伤痕的部位，再用蘸上醋的纸盖在上面，等候一个时辰，将纸拿开，用水洗干净，那伤痕就能显现出来。

如果尸体上有几处皮肤青黑色，用水滴在青黑色的地方，若是伤痕，因为皮肉已变硬，水滴便能停住而不流去；若不是伤痕，这里的皮肉仍然柔软，水滴便会流去。

检验尸体涉及有骨头损伤的地方，若损伤痕迹外表上看不出，可用酒糟与醋浇敷尸体体表上，并且露天放置，用新油的绢绸或明亮的油雨伞遮在要验看伤痕的地方，迎着太阳光隔伞验看，伤痕就可以看到。如果碰上阴雨天，可用炭火隔伞照看。这是检验尸骨伤的好办法。用这样的方法还是难以看见骨头伤痕的话，那就把白梅捣烂，摊在需要验看骨头伤痕的体表部位，再用酒糟与醋贴敷验看。如果这样做仍然不能完全看清楚，就再取白梅肉，加上葱、椒、盐、糟等，拌在一道研细，做成饼子，放在火上烤烫，烙在有损伤的部位，下面衬纸，就能看到伤痕。

从前有两个人斗殴，片刻之间，一人仆倒在地，断气身亡，在场的人看得清清楚楚。而检验结果，尸体全身并无伤痕。检验官感到非常奇怪。当时正值寒冷天气，他忽然想出一个办法，于是就吩咐吏役挖掘一个土坑，二尺多深，长短依照尸体，用柴火把土坑烧热，将尸体放置坑内，用衣物将尸体盖好。过了好一会儿，感觉尸体温热了，再抬出来，用浇泼过酒醋的纸敷贴在尸体上，致命伤痕于是就呈现出来了。

敷贴法检验完毕，检验人员要唱报尸体前后左右各应验部位的检验结果。［程序是］尸体仰卧，从头开始唱报：顶心、囟门完好，额完好，两额角完好，两太阳穴完好，两眼、两眉、两耳、两腮、两肩都完好，胸、心、脐、腹完好，阴茎、阴囊和睾丸完好，是已婚妇女就说产门完好，是未婚女子就说阴门完好。两股部、腰、膝、两小腿、两脚面、十个脚趾和趾甲都完好。

左手臂、肘、腕和手指、指甲完好，左肋和胁完好，左腰、胯及左腿、脚都完好。

右面也同样如此唱报。

翻转尸体：脑后、枕部完好，两耳后、发际连项完好，两肩胛连背脊完好，两腰眼、两臀瓣并肛门完好，两腿、两腿弯、两腿肚、两脚跟、两脚心都完好。[都要一一唱报。]

九 妇 人

凡验妇人，不可羞避。

若是处女，劄四至讫，舁出光明平稳处。先令坐婆剪去中指甲，用绵札。先勒死人母亲及血属并邻妇二三人同看。验是与不是处女，令坐婆以所剪甲指头入阴门内，有黯血出是，无即非〔1〕。

若妇人有胎孕，不明致死者，勒坐婆验腹内委实有无胎孕。如有孕，心下至肚脐，以手拍之，坚如铁石，无即软〔2〕。

若无身孕，又无痕损，勒坐婆定验产门内，恐有他物。

有孕妇人被杀，或因产子不下身死，尸经埋地窖，至检时却有死孩儿，推详其故。盖尸埋顿地窖，因地水火风吹〔3〕，死人尸首胀满，骨节缝开，故逐出腹内胎孕孩子。亦有脐带之类，皆在尸脚下。产门有血水、恶物流出。

若富人家女使，先量死处四至了，便扛出大路上，检验有无痕损，令众人见，以避嫌疑。

【注释】

〔1〕处女，未发生过性交关系的女性。手指探入阴道有暗血者即为处女的说法，没有解剖学及生理学依据，是错误的。

〔2〕这是拍摸腹部测硬度以判断胎孕与否之法。拍摸妇女腹部，查明子宫大小及其硬度，可以判断是否怀孕及月数，但此法有局限性。怀胎子宫大小与怀孕月数有关。怀孕一个月的子宫大小接近正常，二个月似普通鹅蛋黄，三个月似孕妇本人拳头大，四个月似一般刚出生婴儿头大，五个月似一般成人头大，六个月宫底到肚脐，九个月宫底最高，达到剑突（俗称心口）下方，十个月胎儿下降，宫底亦降低。书中说如有孕，拍摸心口下方至肚脐坚硬如铁石，无孕即软，这种说法是片面的。六个月以上孕妇，脐上才能摸到子宫底，一般摸到胎头，感觉有一定硬度，但不是坚如铁石。怀孕三个月以内，腹部无明显隆膨，拍腹更无软硬的区别。

〔3〕地水火风：古代印度有“地水火风”四大元素构成一切物质，具有坚湿暖动性能的说法，随佛教传入中国。这种说法在哲学史上有一定的意义，但并不科学。书中这段话的意思是说尸体在地窖受到自然力的作用，严重膨胀，挤出胎儿。这种现象叫死后分娩，是尸体高度腐败，产生大量腐败气体，同时软组织分解，胎盘或胚胎与子宫附着性变差，在气体的挤压下，胎儿排出体外。置于地窖、埋葬或在其他场所的尸体，有上述情形的，都有可能发生死后分娩，并不是什么地水火风吹的结果。

【译文】

凡是检验女尸，检验官不可害羞回避。

如果是处女的尸体，要记下四面界物的距离，然后，把尸体抬到光亮平稳的地方。先叫接生婆剪去中指指甲，将剪去指甲的中指用棉絮包扎起来。并且要让死者的母亲、亲属以及两三个近邻妇女到现场一同验看。检验是否处女，只要叫接生婆用剪过指甲的手指头插入阴道，有暗血出就是处女，否则就不是。

如果死亡妇女［被称说是已］怀孕有胎儿而又不清楚致死原因的，要令接生婆检验肚子里面确实有无胎儿。如有胎儿，从心口下方至肚脐，用手拍打，会坚硬得像铁石一般，没有胎儿就是柔软的。

如果既无身孕，又无伤痕，那就一定要命令接生婆检验阴户内部，恐怕有异物塞在里面。

有身孕的妇女被杀死，或因生孩子生不下来而死亡，尸体已经埋在地窖里，到检验时，却发现有死亡的婴儿，一定要细细推究它的缘故。这是因为尸体埋放安顿在地窖里，由于地水火风吹着死人，尸体严重膨胀，骨节缝脱开，因此推挤出腹内的胎儿。生下的胎儿也有脐带之类，都在尸体的脚下。女尸的阴户有血水、脏物流出。

如果是富人家女佣的尸体，要先丈量死亡现场四周界物的距离，量完了，便把尸体扛到大路上，再检验有无伤痕。这样，让众人看见，以避嫌疑。

附：小儿尸并胞胎

有因争斗而杀子谋人者。将子手足捉定，用脚跟于喉下踏死。只令仵作、行人以手按其喉必塌[1]，可验真伪。

凡定当小儿骸骨，即云："十二三岁小儿。"若驳问："如何不定是男是女？"即解云："某当初只指定十二三岁小儿，即不曾说是男是女，盖律称儿，不定作儿是男女也。"

堕胎者，准律未成形像杖一百，堕胎者徒三年。律云："堕，谓打而落。"谓胎子落者。按《五藏神论》："怀胎一月如白露；二月如桃花；三月男女分；四月形像具；五月筋骨成；六月毛发生；七月动右手，是男于母左；八月动左手，是女于母右；九月三转身；十月满足。"[2]

若验得未成形像，只验所堕胎作血肉一片或一块。若经日坏烂，多化为水。若所堕胎已成形像者，谓头脑、口、眼、耳、鼻、手、脚、指甲等全者，亦有脐带之类。令收生婆定验月数、定成人形或未成形，责状在案。

堕胎儿在母腹内被惊后死，胎下者，衣胞紫黑色，血荫软弱〔3〕。生下腹外死者，其尸淡红赤，无紫黑色，及胞衣白〔4〕。

【注释】

〔1〕喉由数块软骨和肌肉等围成腔室，为呼吸通道和发声器官。踏压喉部可致喉腔变形，变得狭闭，造成呼吸障碍，也可压迫颈部大血管，致使脑血循环障碍，二者均可致命。但喉部软骨（尤其小孩）弹性大，钝力挤压呈可逆性形变居多，喉塌陷或破裂变形较少，因此，不能仅检查小孩喉部有无塌陷，作为判断是否踏喉致死的依据。踏喉必塌陷的说法并不科学。

〔2〕人类怀胎，计算上以最后一次月经的第一天至分娩，一般为280天，40周，每月以四周计，共十个月。实际上，最后一次月经至排卵受孕一般要十五天左右，怀胎实际时间265天。书中描述的胎儿逐月变化，与现代医学说法有很多相似之处，也有不科学的地方。受孕是卵细胞与精细胞合二而一，植入（着床）子宫内膜。经倍数分裂发育。第四周胚胎呈圆筒形弯曲状，出现眼泡及胚芽。第八周初具人形，躯体变直，颜面形成，眼、耳、口、鼻出现，有四肢雏形，指趾明显。三个月五官完善，指甲出现，四肢可动，可分男女。4个月胎动明显。5个月长毛，出生后有呼吸、排尿、吞咽的功能，为有生机儿。6个月各脏器均已发育，皮红而皱。7个月眼开，娩出能啼哭。8个月皮下脂肪渐增，男孩睾丸下降。9个月翻身，胎位稳定，指甲过指尖。10个月胎体丰满。另外，胎动的方位与胎儿性别没有必然的联系。

〔3〕血荫：参见本书《论沿身骨脉及要害去处》篇注释〔16〕。

〔4〕胞衣：盛装胎儿、羊水的薄膜状囊腔，由羊膜、绒毛膜、蜕膜组成，分娩开始时破裂流出羊水（破水），胎儿娩出后，随胎盘一起娩出。活产与死产的胞衣颜色有区别，本书所说有根据。

【译文】

有个人因为与人争斗，因而杀死自己的儿子，企图诬陷对方。他把自己儿子的手脚捉住，用脚跟踏在儿子的喉部使孩子死亡。这样的案子只要叫检验人员用手按摸死孩的喉部，必然发现塌陷，当即可以验出真假了。

凡是检验儿童骸骨，［唱报时］就说是“十二三岁儿童”。如果上级驳问：“为什么不验定是男是女？”就解释说：“我当初只认定是十二三岁的儿童，不曾说是男是女，因为法律条文只规定称儿童，没有规定儿童要分出男女。”

对于堕胎的人，按刑律规定：堕下的胎儿尚未成形的判处一百杖刑；已经成形的，判三年徒刑。刑律规定：“所谓堕胎，是指经过打胎后堕落。”是指胎儿从母体脱落，才构成堕胎罪。按《五藏神论》说：“怀胎一个月，胎儿像露水，两个月像桃花一朵，三个月的胎儿才分男女，四个月的胎儿才具有人形，五个月的胎儿筋骨长成，六个月的胎儿毛发生出，七个月的胎儿会动右手，如果是男，胎位偏母体左腹，八个月的胎儿能动左手，如果是女，胎位偏母体右腹，九个月的胎儿要三次转身，十个月的胎儿就足月临盆。”

如果检验的是未成人形的胎胞，只要检验所堕下的胎胞是一片血肉还是一块就行了。如果过上一天就坏烂，大多化成血水。如果［称］堕下的胎胞已经长成人形，是指头脑、口、眼、耳、鼻、手、脚、指甲等都长齐全，也有脐带之类。还要叫接生婆验定有几个月、鉴定已成人形还是未成人形，责成写出鉴定书附在案卷里。

所堕胎儿如果是在母亲腹内受惊后死亡，成死胎后才堕下的，胞衣呈紫黑色，血荫模糊不清；生下后在母腹外死亡的，胎儿的尸体为淡红色，不是紫黑色，而胞衣呈白色。

十　四时变动[1]

春三月，尸经两、三日，口、鼻、肚皮、两胁、胸前，肉色微青。经十日，则鼻、耳内有恶汁流出，胖（péng）匹缝切，胀臭也。胀。肥人如此，久患瘦劣人，半月后方有此证。

夏三月，尸经一、两日，先从面上、肚皮、两胁、胸前肉色变动。经三日，口鼻内汁流，蛆出，遍身胖胀，口唇翻，皮肤脱烂，疱疹起。经四、五日，发落[2]。

暑月罨尸，损处浮皮多白，不损处却青黑，不见的实痕。设若避臭秽，据见在检过，往往误事。稍或疑处，浮皮须令剥去，如有伤损，底下血荫分明。更有暑月九窍内未有蛆虫，却于太阳穴、发际内、两胁、腹内，先有蛆出，必此处有损。

秋三月，尸经二、三日，亦先从面上、肚皮、两胁、胸前肉色变动。经四、五日，口鼻内汁流，蛆出[3]，遍身胖胀，口唇翻，疱疹起。经六、七日，发落。

冬三月，尸经四、五日，身体肉色黄紫，微变。经半月以后，先从面上、口、鼻、两胁、胸前变动。

或安在湿地，用荐席裹角埋瘗，其尸卒难变动。更详月头月尾，按春秋节气定之。

盛热，尸首经一日即皮肉变动，作青黯色，有气息。经三、四日，皮肉渐坏，尸胀，蛆出，口鼻汁流，头发渐落。

盛寒，五日如盛热一日时，半月如盛热三、四日时。

春秋气候和平，两、三日可比夏一日，八、九日可比夏三、四日。

然人有肥瘦老少，肥少者易坏，瘦老者难坏〔4〕。

又南北气候不同，山内寒暄不常，更在临时通变审察。

【注释】

〔1〕四时变动：指尸体在春夏秋冬不同季节里的变化。人死亡后，在自然环境里的尸体，发生一系列物理的、化学的、细菌性的、非细菌性的变化，所呈现的征象称尸变征象（尸体现象）。本篇详细描述了各种变化过程及现象，尤其对影响尸体腐败的因素有精辟见解，如指出四季不同气温对尸变的影响，春秋气候和平，两三日可比夏一日，盛寒五日如盛热一日，即有1∶2—3∶5的关系，以及肥胖、瘦弱的尸体变化有不同进程等。对腐败绿斑、腐败水气泡、腐败巨人观等，也有准确而形象的描述。这些认识均须对尸体进行了长期的观察、研究之后才具有的，十分难得。在古代法医学史上是独一无二的。

〔2〕发落：尸体腐败，组织分解，毛囊腐败，毛发脱落。其脱落时间视腐败速度而定。夏季水中浮尸，死后二三天头发即可脱落。这段内容形象地描述尸体高度腐败的征象。皮肤青黑色（污暗红色）是因血红蛋白变性，形成硫化血红蛋白、硫化铁的结果。皮肤出现水泡是因腐败，表皮与真皮联系瓦解，腐败气体窜入，表皮鼓起，腐败液体积聚，形成污暗红色的水气泡。浮皮是表皮被气体鼓起后未充积液体而形成皱纸样。口鼻流出血水是因腐败严重，血液浸润扩散到体腔，脏器空腔，组织液化，空腔脏器内有多量污暗红色液体，在腐败气体驱压下顺着自然孔道涌流出体外，出现所有自然孔道口均有污暗红色、恶臭的血水并冒气泡的现象。

〔3〕蛆：蝇卵孵化的幼虫。人死后1—2小时，蝇就能在尸体外露孔

道及创口产卵，盛夏半日春秋一日就变成蛆，夏天经4—5日成蛹。书中蛆出时间的说法，从现在的气候看偏长了。用苍蝇生活史判断死后经过时间，要考虑多种因素，如气候、地域、蝇类、尸体状况等。

〔4〕这种说法很科学。因腐败是腐败细菌所致，而腐败菌繁殖需一定的温度、湿度、空气。瘦尸及老年尸，主要因组织密度大，水分少，不利于细菌快速大量繁殖，同时这种尸体自溶也较慢。

【译文】

春季的三个月里，尸体经过两、三天后，口、鼻、肚皮、两胁、胸前等处的皮肤就微显青绿色；经过十天，鼻孔、耳孔内就有血水流出来，尸体肿胀发臭。肥胖的尸体是这样，久病瘦弱的尸体需经半个月后才有这种征象。

夏季的三个月里，尸体经过一两天后，脸面、肚皮、两胁、胸前等处的皮肤颜色先发生变化。经过三天，口、鼻内有血水流出，蛆虫爬动，全身肿胀发臭，嘴唇向外翻张，皮肤脱烂，出现水泡。经过四五天，头发脱落。

在暑热月份里洗敷的尸体，损伤部位的表皮大多发白，没有损伤的地方却是青黑色，看不出哪里是确实的伤痕。假如检验官怕脏怕臭而回避，只根据所看到的表象验过完事，往往会误事。对稍有可疑的地方，必须要叫检验人员剥去浮皮，如有伤痕，浮皮下面便有明显的血荫。再有，暑热月份里的尸体，眼、耳、鼻、口和肛门、阴部等九窍内如没有蛆虫，却在太阳穴、发际内、两胁、腹内等处先有蛆虫爬出，必定是这些地方有损伤。

秋季的三个月里，尸体经过两三天，也是脸面、肚皮、两胁、胸前等处的皮肤颜色先发生变化。经过四五天，口鼻内有臭水外流，蛆虫爬出，尸身肿胀发臭，口唇翻张，发生水泡。经过六七天，毛发脱落。

冬季的三个月里，尸体经过四五天后，全身皮肤收紧，颜色发黄，只有很小变化。经过半个月以后，先从脸面、口、鼻、两胁、胸前等处开始腐烂。

有的尸体安置在潮湿的地方，并用草席包裹埋置，这种尸体一时就难以腐烂。还要仔细搞清楚季节的月头、月尾情况，按照春秋节气的变化来确定死亡时间。

在大热天，尸体只要经过一天，皮肉就会发生变化，变为青黑色，有臭味。经过三四天，皮肉逐渐腐烂，尸体肿胀，蛆虫爬出，口鼻流臭水，头发逐渐脱落。

在大冷天，尸体经过五天，才相当于经过大热天一天的变化，经过半个月相当于经过大热天三四天的变化。

春秋季节气候温和，尸体经过两三天的变化如同夏天一天的变化，八九天的变化如同夏天三四天的变化。

但是人有肥瘦老少的区别，肥胖、年轻的尸体容易腐烂，体瘦、年老的尸体难以腐烂。

还有南方、北方气候不同，山区冷暖无常，这就要求检验官员在检验时灵活运用，全面考察，从而确定死亡时间。

十一　洗　罨[1]

宜多备糟、醋。衬尸纸惟有藤连纸、白抄纸可用，若竹纸[2]，见盐醋多烂，恐侵损尸体。

舁尸于平稳光明地上，先干检一遍，用水冲洗。次挼皂角洗涤尸垢腻，又以水冲荡洁净。洗时下用门扇、簟席衬，不惹尘土。洗了，如法用糟、醋拥罨尸首。仍以死人衣物尽盖，用煮醋淋，又以荐席罨一时久，候尸体透软，即去盖物，以水冲去糟、醋，方验。不得信行人说，只将酒、醋泼过，痕损不出。

初春与冬月，宜热煮醋及炒糟令热。仲春与残冬，宜微热。夏秋之内，糟、醋微热，以天气炎热，恐伤皮肉。秋将深，则用热，尸左右手、肋相去三四尺，加火熁，以气候差凉。冬雪寒凛，尸首僵冻，糟、醋虽极热，被衣重叠拥罨，亦不得尸体透软。当掘坑，长阔于尸，深三尺，取炭及木柴遍铺坑内，以火烧令通红，多以醋沃之，气勃勃然，方连拥罨法物、衬簟舁尸置于坑内，仍用衣被覆盖，再用热醋淋遍。坑两边相去二三尺，复以火烘。约透，去火，移尸出验[3]。冬残春初，不必掘坑，只用火烘两边。看节候详度。

湖南风俗，检死人皆于尸旁开一深坑，用火烧红，去火入尸在坑内，泼上糟、醋，又四面用火逼，良久，扛出尸。或行凶人争痕损，或死人骨属相争不肯认，至于有三四次扛入火坑重检者。人尸至三四次经火，肉色皆焦赤，痕损愈不分明，行吏因此为奸。未至一两月间，肉皆溃烂。及其家有论诉，差到复检官时，已是数月，止有骨殖，肉上痕损并不得而知。火坑法独湖南如此，守官者宜知之。

【注释】

〔1〕洗罨（yǎn）：古代验尸时使尸体变软、显示伤痕的方法。一般用热敷，用酒、醋洗。热的作用能使尸体僵硬（死后肌肉僵硬、关节固定的现象）缓解，利于检验。热还能加快分子活动，促进化学变化。醋、酒能使表皮膨胀，透射性增加，皮下出血酸化变性，颜色加深，从而使有皮下出血的伤痕更加明显。

〔2〕藤连纸、白抄纸、竹纸：纸的名称。

〔3〕烧坑热尸，是一种使尸体周身均匀地热透、变软的方法。这种土方法只适用于寒冬。如果温热季节也这样做，会加速腐败，或把尸体烤干。

【译文】

洗敷尸体，应当多准备酒糟与醋。衬尸纸只有藤连纸、白抄纸可以用，如用竹纸，遇到盐、醋就都要烂掉，恐怕会损坏尸体。

把尸体抬放到平稳、亮堂的地上，洗涤之前，先对死尸检验一遍，然后才用水冲洗；其次擦皂角洗涤尸体上的污垢油腻，用水冲洗干净。洗涤时，在尸身下用门板、竹席等衬垫，使尸体不沾上尘土。洗完后，按规定的方法用酒糟、醋拥敷尸首，仍用死者的衣服把尸体全部盖严实，将煮热的醋浇淋，再用草席紧盖一个时辰。等到尸体全变软了，就拿掉盖在上面的东西，用水冲掉酒糟与醋，才开始检验。不能听信检验工作人员的话，只用酒与醋浇泼完事，这样，伤痕不会显现出来。

初春与冬月，应当用煮热的醋和炒过的酒糟使尸体变热。仲春与冬末，适宜用微热的醋、酒糟。夏天、初秋，酒糟与醋稍热即可，因为天气炎热，过热的酒糟与醋恐怕会损伤皮肉。将至深秋，就要用较热的酒糟与醋了，并且在距离尸体的左右手、胁肋三四尺的地方，加火烘烤，这是因为气候较冷的缘故。冬天雪地，寒风凛冽，尸体冻僵，即使使用的酒糟、醋极热，用被子衣服重重叠叠裹上，拥敷也无法使尸体软透。那就应当挖掘一个土坑，坑比尸体略长略阔些，深三尺，将木炭及木柴遍铺在坑内，点火燃烧直至土坑通红。然后多用醋浇泼，在坑内热气腾腾，这才将敷裹尸身的物件、衬尸的竹席与尸体一起放置在坑内。仍旧用衣服被子覆盖，再用热醋全身淋遍，在坑两侧距离二三尺远的地方，烧火烘烤。估计尸体软透了，去掉火，再抬出尸体出来检验。残冬、初春，就不必挖掘土坑，只要用火在尸体两边烘烤。这要根据季节、气候的变异来仔细考虑决定。

湖南的风俗，检验死尸都在尸体旁开挖一个深坑，用火烧红，去掉火，把尸体放入坑内，浇泼上酒糟与醋，再在四面用火烘烤很久，才扛出尸体。遇到有些凶犯对伤痕有争议，或者死者亲属竞相争执不肯认可，以至于有三四次扛尸入火坑重新检验的。人的尸体经过三四次烘烤，皮肉都烤得焦赤了，伤痕愈加看不清楚，行人吏役便趁机舞弊。不到一两个月的时间，肉都溃烂了。等到死者家属有争议上诉，再派复检官到来时已是几个月后的事，这时只有骨头，肉上伤痕已不能再检验出来。这种火坑验尸的方法只有湖南是这样，掌管刑狱的官员应该知道。

十二　验未埋瘗尸

未埋尸首，或在屋内地上，或床上，或屋后露天地上，或山岭、溪涧、草木上，并先打量顿尸所在四至、高低，所离某处若干。在溪涧之内，上去山脚或岸几许，系何人地上，地名甚处。若屋内，系在何处，及上下有无物色盖簟。讫，方可舁尸出验[1]。

先剥脱在身衣服，或妇人首饰，自头上至鞋袜，逐一抄劄；或是随身行李，亦具名件。讫，且以温水洗尸一遍了，验。未要便用酒、醋。

剥烂衣服，洗了，先看其尸有无军号[2]，或额角、面脸上所刺大小字体，计几行或几字，是何军人。若系配隶人[3]，所配隶何州。军字亦须计行数。如经刺环[4]，或方或圆，或在手背、项上，亦计几个；内是刺字或环子，曾艾灸[5]或用药取，痕迹黯漤及成疤瘢，可取竹削一篦子，于灸处挞之，可见。辨验色目人讫，即看死人身上甚处有雕青[6]、有灸瘢，系新旧疮疤，有无脓血，计共几个；及新旧官杖疮疤，或背或臀；并新旧荆杖子痕，或腿或脚底；甚处有旧疮疖瘢，甚处是见患，须量见分寸；及何处有黯记之类，尽行声说。如无，亦开写。打量尸首，身长若干，发长若干，年颜若干〔7〕。

【注释】

〔1〕这种现场勘验尸体的做法，相当现代的静勘，即用视、听、嗅感觉器官对现场原始情况表象的认识。不动现场东西，现代的静勘辅于照相、录像，把现场原始状况固定。

〔2〕军号：军队番号。宋代，为防止强征来的士兵逃跑，在他们的脸上或手背上刺上军队番号。

〔3〕配隶：即配军、配役。犯人被充军发配边远地方的军队中管制服役。

〔4〕刺环：宋代沿袭前代的黥刑，对罪犯视罪行程度、情节在特定部位刺字或环，用墨涂之，永不能去掉，使之终生受辱，并防范他们逃跑。所刺的环有方有圆，有刺在脸上、耳后，有刺在手背、颈项，以此区别罪犯罪行程度的不同。

〔5〕艾灸：艾为菊科多年生草本植物，茎、叶含芳香油，可作杀虫、杀菌剂，叶入药。还可制成艾绒，用于熏灸治病。刺字，一般用醋加墨，把墨色针刺入真皮，形成色素沉积。艾熏表皮焦赤，使刺字模糊，把焦赤表皮刮除，刺字明显。

〔6〕雕青：即文身。在身上刺上花纹并涂上青颜色，这种风俗在宋代极为盛行。

〔7〕发长：量头发长度。本段内容与现代法医学的个人识别相似。检验尸体上各种能供辨认的特征，为查明尸体身份提供资料。

【译文】

没有埋葬的尸首，有的在屋内的地上，有的在床上，有的在房屋前后的露天地上，有的在山岭上、溪涧旁、草木丛里。检验时，都要先观察尸体倒卧的地方至四周界物的距离、地势的高低，约略估计距离某处［对照物］远近多少等。如果尸体倒在溪涧之内，溪涧上至山脚或崖岸高低有多少，位于什么人的土地上，地名叫什么。如果尸体在屋内，则是位于什么地区，以及尸体的上面、下面有没有东西盖垫。待一切都观察好了，才可以抬尸出来检验。

检验时，先要剥掉尸身上的衣服，或妇女首饰，从头上到鞋袜，一件一件地记录登记；或者是随身行李，也要开列有名称、件数的清单。这项工作完毕后，就用温水冲洗尸体一遍，洗好了，就检验，不要马上就用酒醋拥敷。

剥完衣服洗好尸体，先要看尸身上有没有刺军号，又，额角、脸面上所刺字的大小、字体，共有几行或者有几个字，是什么军的军人。如果是配隶人，配隶的是哪个州。所刺军号字也要计看行数。如有刺环，要看是方的还是圆的，是刺在手背上还是在项部，也要计看有几个。刺字或环子曾经用艾叶熏炙过或用药涂过的，痕迹暗淡不清以及变成疤瘢的，可取竹子削成一片竹篦子，在熏炙过的地方刮打，原来刺的字或环子就可以看出来了。验明死者的身份后，就要验看死人身上什么地方有雕青、有灸瘢；是新疮痕还是旧伤疤，有没有流脓出血，共计是几个；以及有没有新旧官杖疮疤，是在背上还是在臀部；还要看是不是有荆条棍打的新旧伤痕，是在大腿上还是在脚底上；什么部位有旧的疮疖瘢，哪些部位是现在正患着的疮疖，必须量出尺寸；以及什么部位有暗记之类，全都要报说清楚。如果没有，也要分别写清楚。还要估量尸首身长多少、发长多少、年龄多少。

十三　验已攒殡尸

先验坟系何人地上，地名甚处。土堆一个，量高及长阔，并各计若干尺寸，及尸见攒殡在何人屋下，亦如前量之。

次看尸头脚所向，谓如头东脚西之类；头离某处若干，脚离某处若干。左右亦如之。对众爬开浮土，或取去攒砖，看其尸用何物盛簟。谓棺木，有无漆饰？席，有无沿缘及箦簟之类？舁出开拆，取尸于光明处地上验之。

【译文】

［对于已埋葬在坟内的尸体］先要验看坟堆是在什么人的土地上，叫什么地名。坟堆一个，要丈量出它的高度、长度、阔度，各为多少尺寸。［对于停柩待葬的尸体］要验看尸体停放在什么人的房屋下，也像前面一样进行丈量。

其次，要验看尸体头脚的朝向，比如说头朝东脚朝西之类。尸体头距离某处［对照物］多少远近，脚距离某处［对照物］多少远近。左边、右边也像这样丈量。要当众扒开浮土，或者拆掉安放棺材的砖块，验看尸体是用什么东西盛殓。如是棺木，要看有无油漆雕饰？如是席子，要看有没有边饰及粗衬席之类？然后抬出开棺拆席，取出尸体抬到明亮的土地上检验。

十四　验坏烂尸

若避臭秽，不亲临，往往误事。

尸首变动，臭不可近，（常）［当］烧苍术、皂角辟之；用麻油涂鼻，或作纸撚子揾油塞两鼻孔，仍以生姜小块置口内〔1〕；遇检，切用猛闭口，恐秽气冲入。量劄四至讫，用水冲去蛆虫、秽污，皮肉干净，方可验。未须用糟、醋，频令新汲水浇尸首四面。

尸首坏烂，被打或刃伤处痕损，皮肉作赤色，深重作青黑色，贴骨不坏〔2〕，虫不能食。

【注释】

〔1〕含姜是古代验尸除臭方法。麻油塞鼻，取其香避尸臭；嘴含姜，取其味避尸臭。

〔2〕贴骨不坏：贴骨的组织除骨膜外还有韧带等，密度大，腐烂较慢，蛆也较难破坏，并不是不腐烂不破坏。

【译文】

［对于腐烂了的尸体］检验官如果躲避脏臭，不亲自到尸场检验，往往要误事。

尸体腐烂了，臭得使人不敢近前，［对付的办法］通常是烧苍术、皂角辟除臭气。用麻油涂在鼻端，或者做纸捻子沾麻油塞住两个鼻孔，再含一小块生姜在嘴里。开始检验时，一定要紧紧闭住嘴，以防秽气冲入。丈量记录好尸体与四周界物的距离，用水冲洗掉尸身上的蛆虫、脏物臭水，洗干净皮肉后，才可检验。检验时，不需要酒糟与醋，只要叫人不断打来新鲜水，浇洒在尸体的四周。

尸体腐烂了，生前被打或被刀刃所伤的痕迹看不清楚，（伤口浅、伤势轻的部位）皮肤肌肉为红色，伤口深、伤势重的为青黑色，紧贴骨头的地方不腐烂，蛆虫也无法蚀食。

十五　无凭检验

凡检验无凭之尸[1]，宜说头发褪落，曲鬓、头面、遍身皮肉，并皆一概青黑，皶（tà）皮坏烂，及被蛆虫咂破，骨殖显露去处。

如皮肉消化，宜说骸骨显露，上下皮肉并皆一概消化，只有些小消化不及，筋肉与骨殖相连。今来委是无凭检复，本人生前沿身上下有无伤损它故，及定夺年颜、形状、致死因依不得[2]。兼用手揣捏得沿身上下，并无骨损去处。

【注释】

〔1〕相对而言，尸体高度腐败，检验条件差，仅剩白骨后当然无法检验软组织的形态了。现代法医学检验技术全面，对白骨及腐烂物质亦可作检验。

〔2〕在古代，尸体仅剩白骨，对年龄、面貌都不能确定。现代法医学检验，一般可以确定骨骼年龄、性别、身高，若头面骨全，还可以恢复其面貌。还可检测DNA确定身份。

【译文】

凡是检验“无从检验”的尸体，应该报说：尸体头发褪落，鬓角、脸面及全身皮肉都全部变为青黑色，皮肤突起腐烂，并且被蛆虫蚀食破损，连骨头都显露出来。

如果皮肉烂尽，应该报说：尸体骸骨显露，全身上下皮肉都全部烂尽，只有很少没烂完的韧带与骨骸相连。现在确实无法检验或复验。死者本人生前周身上下有无伤痕和其他征象以及年岁、相貌、致死原因等都不能确定了，并且已经用手揣捏过尸体周身上下，也没有发现有骨头损伤的地方。

十六　白僵死瘁死〔1〕

先铺炭火，约与死人长阔，上铺薄布，可与炭等，以水喷微湿，卧尸于上。仍以布覆盖头面、肢体讫，再用炭火铺拥令遍，再以布覆之，复用水遍洒。一时久，其尸皮肉必软起。乃揭所铺布与炭看，若皮肉软起，方可以热醋洗之。于验损处，以葱、椒、盐同白梅和糟研烂，拍作饼子，火内煨令热，先于尸上用纸搭了，次以糟饼罨之，其痕损必见〔2〕。

【注释】

〔1〕白僵死瘁死：《平冤录》作“白僵干瘁死”，疑有误，当为“白僵尸”，即白僵干尸。白僵尸为经久不腐而变成红、黑、白三种干尸中之白的一种。瘁尸是久病清瘦干瘪后而死的尸体，也不易腐烂。

〔2〕热饼敷，古代验伤方法。使用这些物质有使皮肤变软、透射性增加、血红蛋白变性的作用。

【译文】

［检验白僵尸、瘁尸时］先在地上铺一层热炭灰，其长度、宽度大约与死者躯体长、宽差不多，炭灰上面铺薄布，长宽与所铺炭灰相等，用水喷至微湿，将尸体仰卧放在上面。用布覆盖好它的头面、肢体。然后，用热炭灰铺盖在尸体上面。要全部铺盖到，再用布覆盖在炭灰上，又用水全部洒遍。过一个时辰之久，尸体的皮肉必定柔软起来。再揭开所铺的薄布与炭灰察看，如果

皮肉变软了，才可用热醋擦洗尸体。对于需要检验的怀疑有伤迹的部位，用葱、胡椒、盐同白梅和酒糟拌在一起研烂，做成饼子，放在火上烤热，先在尸体上用纸衬垫好了，接着用糟饼敷烫，伤痕就一定会显现出来。

卷之三

十七　验　骨

人有三百六十五节，按一年三百六十五日[1]。

男子骨白，妇人骨黑。妇人生前出血如河水，故骨黑。如被毒药骨黑，须仔细详定。[2]

髑髅骨：男子自顶及耳并脑后共八片，蔡州人有九片。[3]脑后横一缝，当正直下至发际别有一直缝；妇女只六片，脑后横一缝，当正直下无缝[4]。

牙有二十四，或二十八，或三十二，或三十六[5]。

胸前骨三条[6]。

心骨一片[7]，嫩，如钱大。

项与脊骨各十二节[8]。

自项至腰共二十四椎骨，上有一大椎骨[9]。

肩井及左右饭匙骨各一片[10]。

左右肋骨，男子各十二条，八条长，四条短；妇人各十四条[11]。

男女腰间各有一骨，大如手掌，有八孔，作四行。样。[12]

手、脚骨各二段，男子左、右手腕及左、右臁肕骨边，皆有捭骨；妇人无。[13]两脚膝头各有顩骨[14]，隐在其间，如大指大；手掌、脚板各五缝，手、脚大拇指并脚第五指各二节〔15〕，余十四指并三节。

尾蛆骨〔16〕，若猪腰子，仰在骨节下。

男子者其缀脊处凹，两边皆有尖瓣，如棱角，周布九窍。

妇人者其缀脊处平直，周布六窍。

大、小便处各一窍〔17〕。

骸骨各用麻、草小索或细篾串讫，各以纸签标号某骨，检验时不至差误。

【注释】

〔1〕人骨，普通指硬骨，根据形态不同，分有长骨、短骨、扁骨、不规则骨等，全身一般有206块，各民族男女都一样。书中说人体有365节骨，合365天之说，与实际不符，是谬误。本验骨篇不科学之处较多。同时还有较常检验的一部分骨骼未提及。骨骼的命名可能是当时习惯叫法或部分人想出来的，有些按形称之（如八孔骨），与现代医学的骨骼命名不同。现代医学对206块骨骼有统一的命名。

〔2〕男人骨头色白，女人骨头色黑：同年龄段的男女骨骼颜色无区别，一般呈淡黄色或灰白色，妇女骨头黑色的说法是错误的。至于中毒死的骨骼颜色，除慢性铅中毒者骨骼颜色加深可呈灰黑色外，其馀常见毒物中毒，骨骼颜色也无特殊改变。

〔3〕髑髅：即脑颅骨，围成颅腔的硬骨。前上额骨、前下中筛骨、上为左右顶骨，两侧为颞骨、底有蝶骨、后为枕骨，共八块。各民族男女都一样。蔡州人九片，妇女六片的说法是错误的。另外面部骨十五块，本节未提及。

〔4〕脑后横一缝：脑颅骨接合缝。有额顶骨缝（冠状缝）、顶骨缝（矢状缝）、颞顶接合缝（颞缝）、枕顶缝（人字缝、枕颞缝），还有蝶缝等。书中说脑后横缝可能指枕顶缝，横缝下男的有直缝，而女的没有，此说法不符合常情，枕骨是一块，一般没有直缝。

〔5〕牙：书中说法不全面。牙齿分乳齿及恒齿。恒齿出齐为32颗，即门牙8颗，尖牙4颗，前臼8颗，后臼12颗，上下左右最后一只后臼齿

又叫智齿，萌出迟，有的终身不萌出。人类36颗牙的说法若有根据，亦属个别的发育畸形。

〔6〕胸前骨：指胸骨，在胸前正中，上为胸骨柄，中为胸骨体，下为剑突。幼年时间这三段骨由软骨连接，成人后均骨化成一体。所以有三根的说法不妥。

〔7〕心骨：古代有鸠尾骨、龟子骨、蔽心骨之称，指胸骨剑突，上接胸骨体，为短条状，下端较尖，位于上腹中线处。

〔8〕项与脊骨：颈项骨即颈椎。各有十二节的说法有误。人的脊椎骨分颈椎7节，上接颅骨下连胸椎，胸椎12节，每节与二根肋骨连接，腰椎5节，骶椎5节（融合成一块骶骨），尾椎4节（融合成一块尾骨）。个别先天性畸形例外。脊椎上端一节即颈椎的寰椎。

〔9〕大椎骨：从颈至腰共二十四节椎骨说法正确。但上端没有一块大椎骨。第一颈椎叫寰椎，是24节椎骨中最薄的一节。第一胸椎处有一穴位叫大椎，该骨不叫大椎骨。

〔10〕饭匙骨：肩胛骨的俗称。左右各一块，肩井骨指锁骨，在胸前最上部，呈S形，左右各一。内接胸骨柄成胸锁关节。外接肩胛骨的肩峰，成肩锁关节，该处有一穴位叫肩井。

〔11〕肋骨：弯形长扁骨，左右各十二根。后接胸椎，前端1—9肋接胸骨，10—12游离，称季肋。妇女肋骨与男子一样。妇女左右各有十四根的说法是错误的。

〔12〕八孔：从其部位及图形看是骶骨，椎骨中最宽大，呈扁形，由五节融合成一块，两侧各有四个神经孔。骶骨部已不属腰，为臀部。骶骨、尾骨、髋骨构成盆骨。

〔13〕捭（bǎi）骨：从其部位看是指上肢前臂外侧（拇指侧）的桡骨，下肢下腿胫骨外侧的腓骨。男女均一样。“妇女无”，这种说法不符合实际。

〔14〕顩（yǎn）骨：从书中内容看不似指膝部的髌骨（膝盖骨）。人类没有这块硬骨，个别人在某个部位长了子骨。正常人膝关节中只有半月形软骨板，称半月板。垫在股胫二骨关节面之间，增加缓冲作用。

〔15〕人类手和足的骨骼由几部分组成，手骨：左右有腕骨八块，掌骨五根，指骨十四节，除拇指骨二节外其余均三节；足骨：左右各有跗（fū）骨七块，跖（zhí）骨五根，趾骨十四节，除拇趾二节外其余均是三节。书中说小趾骨只有二节，不符合实际。

〔16〕尾蛆骨：即尾骨。四节融合成一块，上接骶骨，二侧有横突，下端尖细，游离。男女尾骨均没有孔。

〔17〕大、小便处各一窍：从骨骼结构检验角度看，这说法不对。骶

骨、尾骨、髋骨构成骨盆，盆腔上为入口下为出口，直肠肛门、尿道、阴道，均分布在骨盆出口，没有另外出口。髋骨有左右闭孔（神经、血管通过），此与大小便出口无关。

【译文】

人体有三百六十五节骨头，应合一年有三百六十五天的数目。

男人骨头颜色白，妇女骨头颜色黑。妇女生前行经出血如河水般流去，所以骨头颜色黑，像被毒药毒死的人骨头色黑一样，这一点必须仔细检验鉴定。

脑颅骨：男人从头顶至耳部以及脑后共有八片，蔡州人有九片。脑后横着一条缝，在横缝正中一直往下到发际另有一条直缝。妇女的头骨只有六片，脑后横着一条缝，在横缝正中一直往下没有缝。

人的牙齿一般有二十四颗，有的人有二十八颗，有的人有三十二颗，有的人有三十六颗。

胸前骨有三根。

心骨一片，脆嫩，如铜钱一般大。

颈项与脊柱骨各有十二节。

从颈部到腰部共有二十四节脊椎骨，上端有一节大椎骨。

肩井以及左右饭匙骨各有一片。

左右肋骨：男人各有十二根，八根长，四根短。妇女各有十四根。

男女腰间各有一块骨头，如手掌般大，上面有八个孔，分作四行。形状如。

手、脚骨各有两段，男人的左、右手腕以及左、右胫骨边都有捭骨。妇女没有。两腿的膝头各有额骨一块，隐藏在膝盖中间，如大拇指一样大。手掌、脚板各有五缝（即五指）。手、脚的大拇指及脚的第五趾（即小脚趾）各有两节，其余十四指都是三节。

尾蛆骨，形状像猪腰子，仰接在脊椎骨的下面。男人的尾蛆骨与脊椎骨连接处呈凹形，两边有尖瓣，像菱角，四周分布九个孔洞。妇女的尾蛆骨与脊椎骨连接处平直，四周分布六个孔洞。

大小便的地方各有一个孔洞。

骸骨应各用麻、草小绳或细竹篾一串串地穿好，各用纸签编号并标明名称，这样，检验时才不至于发生误差。

十八 论骨脉要害去处

夫人两手指甲相连者小节，小节之后中节，中节之后者本节，本节之后肢骨之前生掌骨，掌骨上生掌肉，掌肉后可屈曲者腕，腕左起高骨者手外踝，右起高骨者手内踝，二踝相连生者臂骨，辅臂骨者髀骨[1]，三骨相继者肘骨[2]，前可屈曲者曲肘，曲肘上生者臑骨[3]，臑骨上生者肩髃[4]，肩髃之前者横髃骨[5]，横髃骨之前者髀骨[6]，髀骨之中陷者缺盆，缺盆之上者颈，颈之前者颡喉，颡喉之上者结喉[7]，结喉之上者颏，颏两旁者曲颔[8]，曲颔两旁者颐，颐两旁者颊车[9]，颊车上者耳，耳上者曲鬓，曲鬓上行者顶，顶前者囟门，囟门之下者发际，发际正下者额，额下者眉，眉际之末者太阳穴，太阳穴前者目，目两旁者两小眦，两小眦上者上睑，下者下睑，正位能瞻视者目瞳子。瞳近鼻者两大眦，近两大眦者鼻山根，鼻山根上印堂[10]，印堂上者脑角[11]，脑角下者承枕骨。脊骨下横生者髋骨，髋骨两旁者钗骨[12]，钗骨下中者腰门骨。钗骨上连生者腿骨，腿骨下可屈曲者曲脉，曲脉上生者膝盖骨，膝盖骨下生者胫骨，胫骨旁生者骺骨，骺骨下左起高大者两足外踝，右起高大者两足右踝〔13〕。胫骨前垂者两足跂骨，跂骨前者足本节〔14〕，本节前者小节，小节相连者足指甲，指甲后生者足前趺，趺后凹陷者足心，下生者足掌骨，掌骨后生者踵肉，踵肉后者脚跟也。

检滴骨亲法，谓如：某甲是父或母，有骸骨在，某乙来认亲生男或女，何以验之？试令某乙就身刺一两点血，滴骸骨上，是亲生则血沁入骨内，否则不入。俗云“滴骨亲”〔15〕，盖谓此也。

检骨须是晴明。先以水净洗骨，用麻穿定形骸次第，以簟子盛定。却锄开地窖一穴，长五尺，阔三尺，深二尺。多以柴炭烧煅，以地红为度，除去火，却以好酒二升、酸醋五升泼地窖内，乘热气扛骨入穴内，以藁荐遮定，蒸骨一两时。候地冷，取去荐，扛出骨殖，向平明处，将红油伞遮尸骨验。若骨上有被打处，即有红色路、微荫；骨断处其接续两头各有血晕色；再以有痕骨照日看，红活，乃是生前被打分明。骨上若无血荫〔16〕，纵有损折，乃死后痕。切不可以酒醋煮骨，恐有不便处。此项须是晴明方可，阴雨则难见也。如阴雨，不得已则用煮法。以瓮一口，如锅煮物，以炭火煮醋，多入盐、白梅同骨煎，须着亲临监视，候千百滚取出，水洗，向日照，其痕即见〔17〕。血皆浸骨损处，赤色、青黑色，仍仔细验，有无破裂。

煮骨不得见锡〔18〕，用则骨多黯。若有人作弊，将药物置锅内，其骨有伤处反白不见〔19〕。解法见《验尸》门。

若骨或经三两次洗罨，其色白与无损同，何以辨之？当将合验损处骨以油灌之，其骨大者有缝，小者有窍，候油溢出则揩令干，向明照，损处油到即停住不行，明亮处则无损[20]。

一法，浓磨好墨涂骨上，候干，即洗去墨。若有损处，则墨必浸入；不损则墨不浸[21]。

又法，用新绵于骨上拂拭，遇损处，必牵惹绵丝起。折者，其色在骨断处两头[22]。又看折处，其骨芒刺向里或外：殴打折者，芒刺在里；在外者非[23]。

髑髅骨有他故处，骨青；骨折处带淤血[24]。

仔细看骨上有青晕或紫黑晕：长是他物，圆是拳，大是头撞，小是脚尖[25]。

四缝骸骨内一处有损折，系致命所在，或非要害，即令仵作行人指定喝起。

拥罨检讫，仵作行人喝四缝骸骨，谓：尸仰卧，自髑髅喝，顶心至囟门骨、鼻梁骨、颏颔骨，并口骨并全；两眼眶、两额角、两太阳、两耳、两腮胦骨并全；两肩井、两臆骨全；胸前龟子骨，心坎骨全[26]。

左臂、腕、手及髀骨全；左肋骨全；左胯、左腿、左臁肕、并髀骨及左脚踝骨、脚掌骨并全。右亦如之。

翻转喝，脑后、乘枕骨、脊下至尾蛆骨并全。

凡验原被伤杀死人，经日，尸首坏，蛆虫咂食，只存骸骨者，原被伤痕，血粘骨上，有干黑血为证。若无伤骨损，其骨上有破损，如头发露痕，又如瓦器龟裂，沉淹损路，为验[27]。

殴死者，受伤处不至骨损，则肉紧贴在骨上，用水冲激亦不去，指甲蹙之方脱，肉贴处其痕损即可见[28]。

验骨讫，自髑髅、肩井臆骨，并臂、腕、手骨，及胯骨、腰腿骨，臁肕、膝盖并髀骨，并标号左右。其肋骨共二十四茎，左右各十二茎，分左右，系：左第一、左第二、右第一、右第二之类。茎茎依资次题讫。内脊骨二十四节，亦自上题一、二、三、四，连尾蛆骨处号之；并胸前龟子骨、心坎骨亦号之，庶易于检凑。两肩、两胯、两腕皆有盖骨[29]，寻常不系在骨之数，经打伤损，方入众骨系数，不若拘收在数为良也。先用纸数重包定，次用油单纸三、四重裹了，用索子交眼扎系作三、四处，封头印押讫，用桶一只盛之，上以板盖，掘坑埋瘗，作堆标记，仍用灰印。

行在[30]有一种毒草，名曰贱草。煎作膏子售人，若以染骨，其色必变黑黯，粗可乱真。然被打若在生前，打处自有晕痕；如无晕而骨不损，即不可指以为痕，切须仔细辨别真伪。

【注释】

〔1〕这里说的臂骨似指尺骨，髀（bì）骨似指桡骨，用字有误，髀者，股也，指大腿。尺骨、桡骨并排，其作用不分主次。尺骨上端粗，有似鹰嘴的勾，与肱骨构成肘关节，桡骨上端细，参与构成肘关节，下段粗。手腕骨性突起明显的为尺骨茎突，均在内侧（尺侧）。

〔2〕肘骨：按其部位看，指肘关节，此处除尺骨、桡骨、肱骨构成肘关节外，别无他骨。

〔3〕臑（nào）骨：臑指前肢，肩以下谓臂，臂以下称臑。这里指上臂的肱骨。

〔4〕肩髃（ǒu）：髃同腢，指肩部。

〔5〕横髃骨：从部位看似肩胛骨。

〔6〕髀骨：按其部位看似指锁骨。连接肩胛骨与胸骨。是胸部与颈

部的分界。其上方凹陷，称锁骨上凹，即本书所说的缺盆。

〔7〕颡（sǎng）喉：颡指额，这里似指甲状软骨下方的环状软骨处。结喉即喉结，甲状软骨前面突出部分。

〔8〕曲颔：颔和颐均指下巴，颏是下巴中部尖突部分，本书将下巴从中往外分成颏、颔、颐。现代解剖学已不分这样细了。

〔9〕颊车：针灸穴名，位于下颌角的前上方。这里指咬关节。

〔10〕印堂：即眉间，鼻根部上方二眉弓中间。

〔11〕脑角：指左右顶骨外上方突起的顶结节。

〔12〕钗骨：指髂骨，与耻骨、坐骨接合成髋骨，髋骨与骶骨、尾骨组成骨盆。髂骨最大，臀部两侧可摸到的是髂骨的一部分。

〔13〕外踝、右踝：踝指胫腓骨与跗骨构成的踝关节。其内侧突出的胫骨粗隆称内踝，其后侧称后踝，外侧突出的腓骨粗隆称外踝。左右足均是如此。外踝、右踝说法有误。

〔14〕足本节：足的跖骨，每足五根，相当手的掌骨。

〔15〕滴骨亲：古代亲子鉴定方法。不科学。但具有现代血清免疫检验、血型检验的萌芽。

〔16〕血荫：损伤处流出血管外的血液浸润周围组织，血红蛋白分解物质滞留在组织间隙，或被活着的细胞吞噬，使损伤部位（尤其骨骼断端）能较长时间存在着血红蛋白成分含铁血黄素、橙色血结晶等，称血荫，对判断生前伤有帮助。用紫外线照射，血荫呈荧光反应。古代用红油伞遮日验骨折处血荫，此是创造性的物理检测法，与现代紫外线灯照射法同理。

〔17〕向日照，其痕即见：即日照验骨。骨骼洗干净后对着阳光观察，利用透射吸光原理，若有血液浸入骨松质或骨髓腔，则可能见血晕或较深的颜色。

〔18〕煮骨不得见锡：尸骨含硫化氢，遇锡产生化学反应，硫与锡化合成硫化锡，呈淡黑色，使尸骨色暗，不利于检生前骨损。

〔19〕其骨有伤处反白不见：煮骨时投入某些药物或染料，使骨头变色，影响检验。如用茜草能使骨头红染。另一方面，如骨折端原有血痂，投入某些药物煮后，血色退去，影响检验。

〔20〕灌油验骨伤，利用油质浸润增加透光性原理，骨有损伤，油可浸入，透光好些。以此区别骨有无损伤。这方法不科学。死后伤口油浸入，透光同样加强，同时骨松质、骨小孔，油亦可浸润。上面几种验骨方法均是古代科技不发达情况下用的土办法，现在都不用了。

〔21〕涂墨法，墨色浸入骨裂缝，使伤痕明显。此法现代还用。只能检查骨裂，不能区分生前伤与死后伤。

〔22〕“折者”句：此句与上下文义不接，存疑。

〔23〕骨芒刺：骨折端边缘比较粗糙，能挂棉絮等轻丝，骨折口的小骨片（刺）可以在里面也可以在外面，以小骨片方向判断是否被殴，是十分困难的。

〔24〕淤血：一指血管破裂出血聚积在组织间，一指静脉或脏器高度积血。颅骨损伤处血管破裂出血，聚积于骨质里，一般叫淤血。书中说的其他缘故，似指颅骨受暴力作用，骨质未损，而骨松质（板障）血管破裂出血，透过骨板呈青色。

〔25〕指依据血晕形状判断致伤物体。血晕指伤处出血向周围扩散形成痕迹。血晕形状与致伤物体形状没有必然联系，不能以血晕形状判断致伤物接触面的形状。

〔26〕肩井：本系针灸穴位名，位于肩峰与第七颈椎之间。这里指肩部。臆骨指锁骨，龟子骨指胸骨，心坎骨指胸骨的剑突。

〔27〕如果骨膜损伤出血或紧贴骨膜软组织出血，凝血块可以粘在骨面或骨膜表面，除此之外，就不会有血粘骨了。说被杀伤致死者腐烂后，有干黑血迹作为证据，这种说法缺乏依据。非损伤性骨头破坏，应指病理性骨损，至于有头发样纹路，现代法医学、医学无此说法。

〔28〕生前伤出血凝固，洗擦不掉，骨表面的软组织出血刮剔除去后，骨质无损伤的话还是看不到伤痕的。但可能有血晕。

〔29〕盖骨：膝部有膝盖骨（髌骨），其余关节处没有属硬骨的盖骨，可能指关节面的纤维软骨层。

〔30〕行在：天子所处的地方。此指临安（今杭州市）。贱草：植物名。学名及形状，未详。

【译文】

［人体全身的骨骼］从两手说起，与指甲相连的是手指小节，小节之后是中节，中节之后是本节，本节之后、手肢骨的前面生着掌骨，掌骨上面生着掌肉，掌肉后面能弯曲的是手腕，手腕左侧骨头高起的是手外髁，右侧骨头高起的是手内髁，与两髁相连着的是臂骨，辅助臂骨的是髀骨，与臂骨、髀骨相联接的是肘骨，肘骨前面能弯曲的是曲肘，曲肘上生着的是臑骨，臑骨上生着的是肩髃，肩髃前面的是横髃骨，横髃骨前面的是髀骨，髀骨当中陷下的是缺盆，缺盆上面的是头颈，头颈前面的是颡喉，颡喉上面的是结喉，结喉上面的是颏，颏两旁的是曲颔，曲颔两旁的是颐，颐两旁的是颊车，颊车上面的是耳朵，耳朵上面的是鬓角，鬓角再上去是头

顶。头顶前面的是囟门，囟门下面的是发际，发际正下方是额头，额头下面是眉毛，眉毛末端是太阳穴，太阳穴前面是眼睛，眼睛两边是眼眦，两眦上面是上眼睑，下面是下眼睑，正中能远观近看的是瞳孔。眼球靠近鼻子的是两内眼眦，靠近两内眼眦的是鼻根，鼻根上面是印堂，印堂上面是脑角，脑角下面是枕骨。脊椎骨下面横着生的是髋骨，髋骨两旁是钗骨，钗骨下面当中的是骶骨。在钗骨上连生的是股骨，股骨下面能弯曲的是腘（guó）窝，腘窝前侧的是膝盖骨，膝盖骨下面是胫骨，胫骨旁是腓骨，腓骨下面左侧高起而大的是两足的外踝，右侧高起而大的是两足的右踝。胫骨前面垂下的是两足的跗骨，跗骨前面是足的趾本节，趾本节前面的是趾小节，与趾小节相连的是足趾甲，足趾甲后面生的是脚背，脚背下面凹陷的是脚底心，下面生的是足掌骨，足掌骨后面是踵肉，踵肉后面的叫脚跟。

滴骨验亲检验法，说的是如下情况：某甲是父亲或母亲，只有骸骨还在，某乙前来自认是死者的亲生儿子或亲生女儿，用什么方法来鉴定是与不是呢？可以叫某乙在身上刺一两点血，滴在骸骨上，如果是亲生的，则血沁入骨内，否则就不能渗入。俗话说“滴骨亲”，大概指的就是这种情形。

检验骸骨必须是在晴朗的天气。先用水把尸骨洗干净，用麻线按人身骨骼结构的形状依次穿连好，用席子盛放好。然后开掘地窖一穴，长五尺，阔三尺，深二尺。窖中多用木柴炭火烧煅，以把地烧红为适度。除灭明火后，再用好酒二升、酸醋五升浇泼在地窖内，乘热气扛尸骨放入穴内，用草席遮盖好，这样蒸骨一两个时辰。等到坑内地皮冷却了，拿去草席，扛出尸骨，向着明亮的方向，拿红油伞遮罩尸骨检验。如果骨头上有被打伤的地方，就有红色纹路、淡淡的血荫，骨头断损的地方，其接续的两头都有血晕色，再将有血晕痕迹的骨头照着阳光验看，如果红润，就分明是生前被打的。骨上如没有血荫，纵然有损伤折断，也是死后的伤痕。切忌用酒醋煮骨，恐怕有不妥之处。这种验骨方法必须是在晴朗天气才可以进行，阴雨天就难以看出了。如是迫不得已要在阴雨天检验，就采用煮的方法。用罈子一个，像在锅中煮东西一样，用炭火烧煮罈子中的醋，再多放些盐、白梅，同骨头一道煎煮。验官必须亲临现场监视。等煮千百滚后，取出尸骨，用水洗净，对着太阳照看，有伤痕就可看到。血都浸渗在骨骼损伤处，呈现红色、青黑色，还要仔细验看有无破裂。

煮骨不用锡器，如用了锡器骨头就会变成淡黑色。如有人作弊，将药物投入锅内，那骨头有伤的地方反而变白看不出。化解的方法见《验尸》篇。

如果有的骨头经过两三次洗涤拥敷，有损伤的部位颜色发白，变得与没有损伤的地方一样，用什么方法来辨别它呢？应将要验损伤处的骨头用油灌注，那些大骨头有缝，小骨头有孔，等油灌满溢出时就揩干，再面对亮光照看，有损伤的地方油流到了就停住不动，呈现阴影，明亮的地方就没有损伤。

另一个方法，将墨磨浓涂在骨头上，等到墨汁干了，再洗掉骨表墨汁，如有损伤，那墨就必然渗透进去；没有损伤，墨就渗透不进去。

又一种方法：用新棉絮在骨头上揩擦，遇到损伤的地方，必然会把棉絮牵扯起来。骨头折断的，其色在骨断的两头。再看骨折的地方，那骨头的芒刺是向里还是向外：被殴打骨折的，芒刺在里边；在外边的就不是。

头颅骨如因其他缘故受损伤，骨头呈青色，骨折的地方带有淤血。

要仔细验看骨头上显呈青晕或紫黑晕的形状：长方形是他物伤，圆形是拳伤，大圆形是头撞的，小圆形是脚尖踢的。

人体全身前后左右的所有骸骨中，只要一个地方有骨折损伤，不论是致命伤或不是致命伤，都要责令检验人员指定唱报出来。

以上检验完毕，检验人员要唱报全身前后左右骸骨的情况，就是说：尸仰卧，自头颅骨起唱报：顶心至囟门骨、鼻梁骨、颏颔骨以至口腔部都完好；两眼眶、两额角、两太阳穴、两耳、两腮颊骨都完好；两肩井、两臆骨都完好；胸前龟子骨、心坎骨完好。

左臂、腕、手及髀骨完好；左肋骨完好；左胯、左腿、左胫骨和髀骨及左脚踝骨、脚掌骨都完好。右侧也像这样唱报。

翻转身唱报：脑后、枕骨、脊下至尾蛆骨都完好。

凡是检验原来被杀伤死的人，经过日子久了，尸首腐烂，蛆虫蚀食，只存骸骨的，原来受伤的地方，血粘在骨头上，有干黑血迹作为证据。如果无伤而骨损，那骨上的破损，就有像头发般细的痕迹，又像瓦器龟裂，有沉隐不显的损伤纹路为验证。

被殴打死的，如果致命伤处的骨头没有损伤，此处的肉便紧贴在骨上，用水冲激也不能去掉，用指甲刮剔才会脱落，在剔脱肉的地方，就可看到伤痕。

检验骸骨结束，应依头颅骨、肩井臆骨，到臂、腕、手骨，以及胯骨、腰腿骨、胫骨、膝盖和髀骨的顺序标明左右、次第。肋骨共二十四根，左右各十二根。分别左右，就是：左第一、左第二，右第一、右第二之类。要根根按排列次序标写好。脊椎骨二十四节，也要自上而下按一、二、三、四的排列次序，一直到尾蛆骨部位都标明编号；胸前龟子骨、心坎骨也要标明，以便检点和拼凑完整骨架。两肩、两胯、两腕都有盖骨，一般不计在全身标记的骨头数目之内，只有被打损伤时，才计入众骨数目之内，这样还不如把它包括计算在全身骨头数目之内为好。标号完毕，把全部标明的骨头，先用纸包上几层，再用油单纸包上三、四层，包好后，用绳子交叉缚扎三、四道，用封头印封盖好，用桶一只把它装在里面，桶上面用板盖上，挖坑掩埋，做成坟堆，标上识记，仍要盖上石灰印。

临安有一种毒草，名叫贱草，有人用它熬成膏子出售给人。如用这膏子染骨，骨头的颜色必然变为乌黑，粗看能使人误认为真伤。然而被打如在生前，打伤处自有晕痕，如果没有晕痕而骨头又没损伤，就不可认定为伤痕，务必仔细辨别真伪。

十九　自　缢

自缢身死者，两眼合，唇口黑，唇开露齿；若勒喉上即口闭，牙关紧，舌抵齿不出又云齿微咬舌；若勒喉下则口开，舌尖出齿门二分至三分[1]；面带紫赤色[2]，口吻两（甲）[角]及胸前有吐涎沫；两手须握大拇指，两脚尖直垂下；腿上有血荫[3]，如火灸斑痕，及肚下至小腹并坠下青黑色；大小便自出[4]，大肠头或有一两点血。喉下痕紫赤色，或黑淤色，直至左右耳后发际，横长九寸以上至一尺以来。一云丈夫合一尺一寸，妇人合一尺。脚虚，则喉下勒深；实，则浅。人肥则勒深；瘦则浅。用细紧麻绳、草索在高处自缢，悬头顿身致死则痕迹深；若用全幅勒帛及白练项帕等物，又在低处则痕迹浅。低处自缢，身多卧于下，或侧，或覆。侧卧，其痕斜起横喉下；覆卧，其痕正起在喉下，止于耳边，多不至脑后发际下[5]。

自缢处须高八尺以上，两脚悬虚，所踏物须倍高如悬虚处；或在床、椅、火炉、船仓内，但高二三尺以来，亦可自缢而死。

若经泥雨，须看死人赤脚或着鞋，其踏上处有无印下脚迹。

自缢，有活套头、死套头、单系十字、缠绕系。须看死人踏甚物入头在绳套内，须垂得绳套宽入头方是。

活套头，脚到地并膝跪地亦可死。

死套头，脚到地并膝跪地亦可死。

单系十字，悬空方可死；脚尖稍到地亦不死[6]。

单系十字，是死人先自用绳带自系项上后，自以手系高处。须是先看上头系处尘土，及死人踏甚处物，自以手攀系得上向绳头着方是。上面系绳头处，或高或大，手不能攀，及不能上，则是别人吊起。更看所系处物伸缩，须是头坠下，去上头系处一尺以上，方是。若是头紧抵上头，定是别人吊起。

缠绕系，是死人先将绳带缠绕项上两遭，自踏高系在上面，垂身致死。或是先系绳带在梁栋或树枝上，双褃垂下，踏高入头在褃内，更缠过一两遭。其痕成两路：上一路缠过耳后，斜入发际；下一路平绕项行。吏畏避驳（杂）[难]，必告检官，乞只申一痕，切不可信。若除了上一痕，不成自缢；若除下一痕，正是致命要害去处。或复检官不肯相同书填格目，血属有词，再差官复检出，为之奈何？须是据实，不可只作一条痕检。其相叠与分开处，作两截量，尽取头了，更重将所系处绳带缠过，比并阔狭并同，任从复检，可无后患。

凡因患在床，仰卧将绳带等物自缢者，则其尸两眼合，两唇皮开，露齿咬舌，出一分至二分，肉色黄，形体瘦，两手拳握，臀后有粪出，左右手内多是把自缢物色至系紧，死后只在手内[7]。须量两手拳相去几寸以来。喉下痕迹紫赤，周围长一尺余，结缔在喉下，前面分数较深。曾被救解，则其尸肚胀[8]，多口不咬舌，臀后无粪。

若真自缢，开掘所缢脚下穴三尺以来，究得火炭，方是[9]。

或在屋下自缢，先看所缢处，楣梁、枋桁之类，尘土滚乱至多，方是。如只有一路无尘，不是自缢[10]。

先以杖子于所系绳索上轻轻敲，如紧直乃是；或宽慢即是移尸[11]。大凡移尸别处吊挂，旧痕挪动，便有两痕。

凡验自缢之尸，先要见得在甚地分、甚街巷、甚人家、何人见？本人自用甚物？于甚处搭过？或作十字死䙡系定；或于项下作活䙡套。却验所着衣新旧，打量身四至，东、西、南、北至甚物？面觑甚处？背向甚处？其死人用甚物踏上？上量头悬去所吊处相去若干尺寸？下量脚下至地相去若干尺寸？或所缢处虽低，亦看头上悬挂索处，下至所离处，并量相去若干尺寸。对众解下，扛尸于露明处，方解脱自缢套绳，通量长若干尺寸；量围喉下套头绳围长若干，项下交围，量到耳后发际起处，阔狭、横斜、长短，然后依法检验。

凡验自缢人，先问原申人，其身死人是何色目人？见时早晚？曾与不曾解下救应？申官时早晚？如有人认识，即问：自缢人年若干？作何经纪？家内有甚人？却因何在此间自缢？若是奴仆，先问雇主讨契书辨验，仍看契书上有无亲戚？年多少？更看原吊挂踪迹去处。如曾解下救应，即问解下时有气脉无气脉，解下约多少时死，切须仔细。

大凡检验，未可便作自缢致命，未辨仔细。凡有此，只可作其人生前用绳索系咽喉下或上要害，致命身死，以防死人别有枉横。且如有人睡着，被人将索勒死，吊起所在，其检官如何见得是自缢致死？宜仔细也。

多有人家女使、人力，或外人于家中自缢，其人不晓法，避见臭秽及避检验，遂移尸出外吊挂，旧痕移动，致有两痕。旧痕紫赤有血荫；移动痕只白色无血荫〔12〕。移尸事理甚分明，要公行根究，开坐生前与死后痕。盖移尸不过杖罪，若漏落不具，复检官不相照应，申作两痕，官司必反见疑，益重干连人之祸。

尸首日久坏烂，头吊在上，尸侧在地，肉溃见骨。但验所吊头。其绳若入槽谓两耳连颔下深向骨本者，及验两手腕骨、头脑骨，皆赤色者是〔13〕。一云齿赤色〔14〕，及十指尖骨赤色者是。

【注释】

〔1〕绳索压喉结上嘴闭合，压喉结下嘴张开的说法不全面。绳索压迫颈部，下颌受挤压者，一般嘴闭合，下颌受牵引者可出现嘴张开现象。其压迫位置喉上喉下都可能有口开口闭的。缢绳在喉结下的舌头伸出的说法有科学根据。因其力斜向上推压舌根，使舌体前移，舌尖伸出齿外。

〔2〕面带紫赤色：颈部受压，头面部静脉血回流受阻，动脉未全受压的话，头面部郁血，又因血液缺氧，面色紫红或青灰。如果压迫颈部力量大，颈部动脉静脉全被压闭，面部颜色无甚改变或呈灰白色。

〔3〕腿上有血荫：指淤血。缢死者悬挂时间较长后，血液下坠，下腹部、两腿（尤其小腿）血管积血严重，皮肤呈现暗紫红色，甚至可有皮下

出血小点。直肠亦可因此而有出血点。这一段描述很形象很确切，说明对缢死尸体的观察很认真。不过两手四指握着拇指的想象，不是缢死征象，人死后肌肉僵硬稍收缩，屈肌比伸肌强，故手一般均是半握拳状。

〔4〕大小便自出：窒息过程中，尿道、肛门括约肌松弛，直肠、膀胱等平滑肌收缩，致大小便流出。但其他原因致死者亦可出现此征。

〔5〕勒痕，指缢颈之带状物压迫痕迹，不是勒颈的勒痕。压痕皮肤因尸体水分蒸发，出现皮革样变，大多是紫褐色或红褐色，若用较宽的软带（如丝织品）其压痕往往不是紫红色，呈红白相间或苍白色。

〔6〕单系十字：十字结，即打单结。十字结或不打结（开放套）都可缢死，不论打什么结或不打结，身体不离地，只要部分体重下坠，就可压迫颈部，引起脑血循环、呼吸障碍而窒息死，还可压迫神经反射性抑制致死。书中用缢套距悬挂点高低等判断自他杀的说法不全面，而对各种身体姿势均可缢死的描述是很符合实际的。

〔7〕缢套压迫重心在项部的非典型缢死，两眼不一定闭合，嘴也不一定张开，舌尖更少外露。其面部及全身的征象与其他体位缢死并无特异性不同。此段说法有片面性。

〔8〕肚胀：缢死过程中曾被解救过的，肚皮发胀，肛门无粪便的说法不科学。缢而未死者，可因肠胃蠕动减少或麻痹而胀气，经救无效而死者，一般不会腹胀。缢颈窒息过程中大便均有可能外溢，被解救过的也不例外。

〔9〕火炭：即木炭，木头烧制的可燃物。尸体脚下挖地三尺有木炭才是自缢的说法是胡说。

〔10〕缢绳悬挂处的尘灰摩擦一道或是多道，甚至紊乱，自缢可为，他杀亦可为，不能据此判断自缢还是他缢。

〔11〕敲击悬挂缢绳，测试下坠力的程度。缢颈是身体重量下坠，拉紧悬挂固定的缢绳，因此从悬挂点至颈部的缢绳有牵引力，下坠力大牵引力亦大。不论自缢还是伪装自缢，只要有一定的下坠力，悬挂的绳就是直的。

〔12〕血荫：此处指皮下出血。生前缢颈，压痕上下缘皮下及深部软组织可有出血现象等生活反应，死后缢压无此类生活反应。

〔13〕如果缢死者头面部郁血严重，两手血液坠积严重，可以出现骨内血管扩张淤血，甚至破裂出血，致骨呈紫红色，但较少见。

〔14〕齿赤色：指牙齿紫红色变，现代法医学称玫瑰齿。缢死者头面部郁血，牙髓腔血管淤血或破裂出血所致。这是古代法医学的重要发现。

【译文】

自己上吊死亡的，尸首的两眼闭合，嘴唇发黑，并且张开露出牙齿。如果吊绳勒在喉结的上面，嘴巴紧闭，牙关咬紧，舌头抵着牙齿不伸出来又一说是牙齿微微咬住舌头。如果吊绳勒在喉结的下面，嘴巴张开，舌尖伸出牙齿外面二分至三分。[凡是上吊死亡的尸首]，颜面带紫红色，嘴巴两角及胸前有流出的口水，两手大拇指紧握，两足尖垂直向下，腿上有血荫，像火炙的斑痕，还有肚皮下面直至小腹因血下坠而呈青黑色，大小便自己流出，直肠下有时有一两滴血。颈上勒痕呈紫红色或黑色淤血印，一直延伸到左右耳后发际，横长九寸以上至一尺有余。一说男子合一尺一寸，妇女合一尺。吊死者脚下虚空，颈项上的勒痕就深，脚下不虚空，勒痕就浅。吊死者肥胖，勒痕就深，瘦小的就浅。用细而紧密的麻绳、草索在高处上吊，身体悬空吊在绳索上死的，勒痕就深，如果用全幅丝绸及白绢、领巾等[阔而柔软的]织物吊勒，又在较低的地方，勒痕就浅。在低的地方上吊，身体大多半躺在下面，或是侧卧，或是身体翻仆。侧身躺卧的，勒痕倾斜着，横经喉下；翻仆着的，勒痕平直，横经喉下，停止在耳边，一般不会延伸到脑后的发际下面。

上吊的地方要高于八尺以上，两脚才能够虚悬，所踏的物体必须一倍高于[脚至地]悬空的距离。有的在床、椅、火炉、船舱内上吊，只要高度在二、三尺以上，也能自缢而死。

[死者上吊前]如果走经泥水地面，要验看他是赤脚的还是穿着鞋的，上吊时所踩上踏脚的地方有没有印下脚迹。

上吊自杀的绳圈有用活套头、死套头、单系十字、缠绕系等打结形式。要验看上吊死者是踏在什么物体站上去并把头伸到绳套里去的，绳套垂下的长度要宽裕到[死者站在垫物上]够得着把头套进去才有可能是自缢。

使用活套头上吊的，脚虽够得着地面，但上吊者并拢双膝跪在地上，可以死亡。

用死套头上吊的，脚虽够得着地面，但上吊者并拢双膝跪在地上，也可以死亡。

套头单系十字的，要全身悬空才能够吊死，只要脚尖能稍稍够着地面就不会死亡。

套头单系十字是上吊者自己先将绳带系在颈项上，再把绳子系挂到高处。这就要先验看上方系挂绳套处的尘土，以及上吊者是踩踏什么东西上去的，要他自己用手够得着攀挂在上方的绳套，才有可能是自缢。上方系挂绳套的地方，或者太高、或者太大，上吊者自己的手攀够不着，以及自己不能踩踏上去，那就有可能是别人把死者［在生前或死后］吊上去的。还要验看所系吊处绳带的伸缩度，一定要套头坠下处距离上面系吊处一尺以上，才是自缢。如果是套头紧抵上面系吊处，一定是别人将他吊起来的。

缠绕系，是上吊者先用绳带缠绕颈项两圈，自己踏在物体上系吊在上方高处，身体垂吊致死。或者是先系绳带在梁栋或树的枝干上，绳套垂下来，上吊者登高把头套进绳套里，再在颈项上缠绕一两圈，［然后垂吊致死］。这样吊死的，勒痕有两道，上一道绕过耳后，斜入发际；下一道平绕颈项一周。吏役因怕麻烦而回避复杂情况，必定会禀告检验官说，请求只申报一道勒痕。对此，务必不可听信。如果除去上一道勒痕，就不成为自缢，如果除去下一道勒痕，又正是致命要害所在。有时复验官不肯与初验同样填写验尸报告，死者亲属又有申诉，那时再派官复验出来，又怎么办呢？所以必须据实申报，不可以只作为一道索痕来检验。两道索痕相重叠及分开的地方，分作两截量，并在绳带原勒肉处起讫点做上标记，还要重新将所系在颈项上的绳带照原状缠绕一遍，比较对照阔狭长短完全相同。这样，任凭复检，可无后患。

凡是因患病在床，仰卧着用绳带等物吊颈死亡的人，他的尸体两眼闭合，嘴唇张开，露出牙齿咬住舌头，舌头伸出牙齿外一分至两分，皮肤色黄，形体瘦，两手握拳，肛门有粪便排出。左右两手多半是把自缢用的绳带握住直到勒紧以后，死后绳带仍在手中。检验时，要量出死者两手拳头相距几寸。这样死亡的尸体喉下勒痕为紫红色，周围长约一尺多，绳结在喉结以下的，前面索痕较深。曾被解救过的尸体，肚皮发胀，嘴部大多不会咬住舌头，肛门口也无粪便。

如果真是上吊自杀死亡的，在尸体悬吊住的脚底下开挖一个大约三尺多深的坑，要找得到火炭才能肯定。

有的人是在屋檐下上吊自杀，这就要先验看所吊处的梁、椽等物上尘土有多处挠动痕迹，才能肯定是自缢死亡。如果只有一条绳痕且无乱尘，就不是自缢死亡。

检验是否自缢，可先用拐杖在所系绳索上轻轻敲打，如果绳索紧直，就是；如果绳索宽松，就是移尸。一般移尸别处吊挂，旧痕挪动，便会有两道痕迹。

凡是检验上吊自杀的尸体，先要查清楚上吊的现场发生在什么地方，是什么街巷，什么人家，死者是什么人发现的？用什么物件上吊的？吊挂在什么地方？绳套是打成十字死结系定，还是在颈项下打活套套上。再验看死者穿的衣服是新的还是旧的，测量估计尸体与四周界物的距离，东西南北各有什么物体［为标志物］，死者脸面转向什么地方？背朝向什么地方？垫脚踏的是什么物体？上方要测量悬吊着的死者头部距离所吊的地方有多少尺寸？下方要测量死者垂下的脚至地面的距离有多少尺寸？即使上吊的地方高度较低，也要验看头上悬挂绳索的地方，下至离开地面的地方，并量出相距的尺寸。要当着众人的面解下吊挂的绳索，把尸体扛到露天明亮的地方，才解开颈项上的套绳，量出绳索全长的尺寸，量出围在颈项上的套头绳围长尺寸，颈项上交围的，要量到耳后发际的地方，索痕的阔狭、横斜、长短都量好了，然后依法检验。

凡是检验上吊自杀的尸体，要先讯问原报案人，死者是什么身份的人？发现死者上吊时间的早晚？有没有被人解下来抢救过？报官时间的早晚？如果有人认识死者，就要问清：自缢人年岁多少？什么职业？家中有什么人？因为什么在这里上吊？如果是奴仆，先要向雇主讨取契约审查，查看契约上有没有写明他的亲戚、年岁等等。再验看原吊挂的位置、痕迹。如果曾经被解下来抢救过，就要问清楚解下时还有没有呼吸与脉搏，解下后大约经过多少时间死亡。这类讯问务必要仔细。

大凡检验［悬吊死亡的尸体］，不可不经仔细辨验就轻易作出因自缢而致命的结论。凡是有这种情况的，只能定作这个人生前用绳索系在咽喉上或咽喉下的要害部位，致命身死，以防死人另有被谋害的冤情。再说，如果有人睡着，被人用绳索勒死后吊起来的，检验官怎么能断定是自缢致死的呢？应该仔细啊！

常有一些人家的女佣人、长工或仆人在主人家里上吊自杀，那家主人不懂得法律，为了避免尸体脏臭和回避检验，随便移尸到屋外去吊挂着。原来的索痕移动了，以致使颈项上有了两道索痕。原索痕呈紫红色，有血荫；移动后的索痕只呈白色，没有血荫。移尸的征象很明显，要公开进行追查，把生前痕与死后痕分别写清楚。因为移尸不过是判杖罪，如果漏掉不写清楚，复验官不相照应，申报为两道索痕，上级必然见疑，就会加重处置本案有关人员。

上吊的尸首［如未解下］日久腐烂，［就会发生］头吊在上面，尸身侧倒在地上［的现象］，肉溃烂得看到骨头。对这种尸体，只要检验所吊着的头就可以。上吊的绳索如果嵌入沟槽，指两耳连颔下深达骨头的沟槽。以及验看两手腕骨、头脑骨都呈现红色的就是自缢死的。一说牙齿呈红色及十指尖骨呈红色的是自缢死的。

二十　打勒死假自缢

自缢，被人勒杀或算杀假作自缢，甚易辨[1]。真自缢者，用绳索、帛之类系缚处，交至左右耳后，深紫色，眼合唇开，手握齿露。缢在喉上则舌抵齿；喉下则舌多出。胸前有涎滴沫，臀后有粪出。若被人打勒杀，假作自缢，则口眼开，手散发慢，喉下血脉不行，痕迹浅淡，舌不出，亦不抵齿，项上肉有指爪痕，身上别有致命伤损去处。

惟有生勒未死间，即时吊起，诈作自缢，此稍难辨。如迹状可疑，莫若检作勒杀，立限捉贼也。

凡被人隔物或窗棂或林木之类勒死，伪作自缢，则绳不交。喉下痕多平过[2]，却极深，黑黯色，亦不起于耳后发［际］。

绞勒喉下死者，结缔在死人项后，两手不垂下，纵垂下亦不直[3]，项后结交，却有背倚柱等处或把衫襟皱着。即喉下有衣衫领黑迹，是要害处气闷身死。

凡检被勒身死人，将项下勒绳索，或是诸般带系，临时仔细声说，缠绕过遭数，多是于项后当正或偏左右系定，须有系不尽垂头处。其尸合面地卧，为被勒时争命，须是揉扑得头发或角子散慢，或沿身上有磕擦着痕。

凡被勒身死人，须看觑尸身四畔，有扎磨踪迹去处。

又有死后被人用绳索系扎手脚及项下等处，其人已死，气血不行，虽被系缚，其痕不紫赤，有白痕可验。死后系缚者，无血荫，系缚痕虽深入皮，即无青紫赤色，但只是白痕。

有用火篦烙成痕，但红色或焦赤，带湿不干〔4〕。

【注释】

〔1〕这段区分自缢与伪装自缢的说法大部分是不科学的。被勒死的也可有大小便失禁；不论什么原因致死，经过1—2小时，尸体开始僵硬，手指就会屈曲呈半握拳状；自缢的索痕有的在两耳后交叉，有的在左（右）侧，有的在下颌；眼、嘴张闭，舌尖露缩，都不是自缢与伪装自缢的区别点。

〔2〕平过：指索沟呈水平状。这段叙述很确切。这种勒式把人勒死后伪装上吊，其压痕有勒与缢两种，即在水平的勒痕基础上又加上斜行缢痕。

〔3〕这种说法有片面性。若是坐式被勒，由于死后即出现肌肉松弛，两手在重力作用下，下垂到保持重心平衡为止。

〔4〕火篦（bì）烙成痕：尸体烙痕与全身体表一样，随着水分蒸发，表面干燥，皮肤损伤处（包括烙伤）干燥更甚，往往变成红褐色干硬的皮革样表层。带湿不干：未详。

【译文】

上吊自杀的，与被人勒死或谋害死后伪装自缢的情况，很容易辨别清楚。真是上吊自杀的尸体，用绳索、丝绸等绑扎的部位，索痕只交至左右耳后，呈深紫色，眼睛闭合，嘴唇张开，两手握拳，牙齿露出。绳索套在喉结以上的，舌尖抵齿；套在喉结以下的，舌头大多伸出。死者胸前有涎水滴沫，肛门有粪便排出。如果是被打死、勒死后伪装作上吊自杀的尸体，则嘴和眼睛张开，手掌伸展，头发散乱，喉颈上由于血液不流通，所以索痕浮浅而色淡，舌不伸出，也不抵齿，颈上皮肉有指爪抓过的痕迹，身上另外有致命的伤痕。

被勒至半死时，立刻被吊起来，伪装作上吊自杀的尸体，就稍许难以辨别了。如果情况可疑，还不如验定为被勒致死，立时限令捉拿凶手更为稳妥。

凡是被人隔着坚硬的东西，或是窗棂，或是树木等勒死后，伪装作上吊自杀的尸体，绳索便不相交接，颈部索痕一般都平行而过，但非常深，呈暗黑色，也不起于耳后发际。

被绞勒喉下而死亡的尸体，绳结在项后，两手不下垂，即使下垂也不垂直，项后有绳结印痕，还有背部依靠柱子等地方或许把衣襟压皱。如果颈部有衣衫领子勒压的黑痕，则属要害部位被勒窒息身死。

凡是检验被勒而死的尸体，要将颈项部勒的绳索或多种系带勒的情况，在检验时仔细交代清楚，绳索缠绕了几道，大多是在项后正中或者偏左、右系结，应有没系完的绳头垂下处的痕迹。其尸体如果仰卧在地，则因被勒时挣扎过，一定会揉搓得头发或髻子散乱，或周身有碰擦过的痕迹。

凡是检验被勒死亡的尸体，要察看现场尸体四旁应有挣扎摩擦所留痕迹的地方。

又有死亡后被人再用绳子绑扎手脚及颈项等部位，因本人已死，呼吸停止、血不流通，虽被绑扎，但索痕不呈紫红色，而显白色，这一点可作验证。死后被绑扎的尸体，没有血荫，绑扎的痕迹虽然深入皮中，但不显青紫红色，只是白色的印痕。

有人用篦子烧红在尸体上烙成痕迹来假冒索痕，这种痕迹仅成红色或焦红色，带湿不干。

二一 溺 死

若生前溺水尸首，男仆卧，女仰卧[1]。头面仰，两手、两脚具向前，口合，眼开闭不定，两手拳握，腹肚胀，拍着响，落水则手开，眼微开，肚皮微胀。投水则手握，眼合，腹内急胀。两脚底皱白不胀，头髻紧，头与发际、手脚爪缝、或脚着鞋则鞋内各有沙泥，口鼻内有水沫，及有些小淡色血污，或有磕擦损处。此是生前溺水之验也。盖其人未死必须争命，气脉往来，搐水入肠，故两手自然拳曲，脚罅缝各有沙泥，口鼻有水沫流出，腹内有水胀也[2]。

若检复迟，即尸首经风日吹晒，遍身上皮起，或生白疱。

若身上无痕，面色赤，此是被人倒提水揾死[3]。

若尸面色微赤，口鼻内有泥水沫，肚内有水，腹肚微胀，真是淹水身死[4]。

若因病患溺死，则不计水之深浅，可以致死，身上别无它故[5]。

若疾病身死，被人抛掉在水内，即口鼻无水沫，肚内无水，不胀，面色微黄，肌肉微瘦[6]。

若因患倒落泥渠内身死者，其尸口眼开[7]，两手微握。身上衣裳并口、鼻、耳、发际并有青泥污者，须脱下衣裳，用水淋洗，酒喷其尸。被泥水淹浸处，即肉色微白，肚皮微胀，指甲有泥。

若被人殴打杀死，推在水内，入深则胀，浅则不甚胀；其尸肉色带黄不白，口眼开，两手散，头发宽慢，肚皮不胀，口、眼、耳、鼻无水沥流出，指爪罅缝并无沙泥，两手不拳缩，两脚底不皱白[8]，却虚胀。身上有要害致命伤损处，其痕黑色，尸有微瘦。临时看验，若检得身上有损伤处，录其痕迹。虽是投水，亦合押合干人赴官司推究。

诸自投井、被人推入井、自失脚落井，尸首大同小异，皆头目有被砖石磕擦痕，指甲毛发有沙泥，腹胀，侧覆卧之，则口内水出。别无它故，只作落井身死，即投井、推入在其间矣。所谓落井小异者，推入与自落井则手开、眼微开，腰身间或有钱物之类；自投井则眼合手握[9]，身间无物。

大凡有故入井，须脚直下；若头在下，恐被人赶逼，或它人推送入井。若是失脚，须看失脚处土痕。

自投河、被人推入河，若水稍深阔，则无磕擦沙泥等事；若水浅狭，亦与投井、落井无异。大抵水深三四尺皆能淹杀人。验之果无它故，只作落水身死，则自投、推入在其间矣。若身有绳索，及微有痕损可疑，则宜检作被人谋害，置水身死。不过立限[10]捉贼，切勿恤一捕限，而贻罔测之忧。

诸溺河池，行运者谓之河，不行运者谓之池。检验之时，先问原申人：早晚见尸在水内？见时便只在今处，或自漂流而来？若是漂流而来，即问是东、西、南、北？又如何流到此便住？如何申官？如称见其人落水，即问：当时曾与不曾救应？若曾救应，其人未出水时已死，或救应上岸才死？或即申官，或经几时申官？

若在江、河、陂、潭、池塘间，难以打量四至，只看尸所浮在何处。如未浮打捞方出，声说在何处打捞见尸。池塘或坎阱有水处可以致命者，须量见浅深丈尺，坎阱则量四至。江、河、陂、潭尸起浮或见处地岸，并池塘坎阱系何人所管，地名何处。

诸溺井之人，检验之时，亦先问原申人，如何知得井内有人？初见有人时，其人死未？即知未死，因何不与救应？其尸未浮，如何知得井内有人？若是屋下之井，即问：身死人自从早晚不见？却如何知在井内？凡井内有人，其井面自然先有水沫，以此为验[11]。

量井之四至，系何人地上？其地名甚处？若溺尸在底，则不必量，但约深若干丈尺，方摝尸出。

尸在井内，满胀则浮出尺余，水浅则不出[12]。若出，看头或脚在上在下，先量尺寸；不出，亦以丈竿量到尸近边尺寸，亦看头或脚在上、在下。

检溺死之尸，水浸多日，尸首胖胀，难以显见致死之因，宜申说：头发脱落，头目胖胀，唇口番张，头面连遍身上下皮（血）[肉]，并皆一概青黑、褪皮。验是本人在井或河内，死后水浸，经隔日数，致有此。今来无凭检验本人沿身有无伤损它故，又定夺年颜、形状不得，只检得本人口鼻内有沫[13]，腹胀。验得前件尸首委是某处水溺身死，其水浸更多日，无凭检验，即不用申说致命因依。

初春雪寒，经数日方浮，与春、夏、秋末不侔。

凡溺死之人，若是人家奴婢或妻女，未落水先已曾被打，在身有伤，今次又的然见得是自落水或投井身死，于格目内亦须分明具出伤痕，定作被打复溺水身死。

投井死人，如不曾与人交争，验尸时面目头额有利刃痕，又依旧带血，似生前痕，此须看井内有破瓷器之属，以致伤着。人初入井时，气尚未绝，其痕依旧带血，若验作生前刃伤，岂不利害！

【注释】

〔1〕男仆卧，女仰卧：指溺死的尸体浮起后的姿势。溺水者昏迷下沉时一般是俯卧式，四肢向前屈曲。上浮时重心向下。如重心在前面，上浮呈俯卧式，重心在臀部的，上浮呈仰卧式。男尸一般四肢较发达，胸部肌肉丰富，重心在前，上浮时就呈俯卧，女性臀部发达，腰曲明显，重心偏后，上浮后以仰卧居多。因此，溺尸上浮后的卧式决定于尸体的重心而不是性别。男的重心在后者，女的重心在前者，就成男仰女俯了。实例，有两位十七岁姑娘，二人各一手捆绑在一起，一同投塘自溺，尸体同时浮起，一人仰卧一人俯卧。

〔2〕溺水的所验特征：生前落水致死的征象，书中描述很详细，大部分内容至今仍被使用。亦有片面及误说之处。如说溺水的尸体腹肚胀，拍着响，这是把部分溺水尸体征象一般化了。实际上，约有一半的溺水者，胃内无水，肚腹不胀，说失足落水者腹略胀，投水自杀者极胀，更是片面。失足落水的由于惊慌及挣扎，呛水更严重，吞水的机会多，胃或腹就会较胀或很胀。投水自杀的，入水初时，在自杀心理支配下，憋气不挣扎，待体内缺氧，二氧化碳蓄积严重，产生不自主的大口吸气动作，液体被吸入呼吸道。此时，有的发生呛水现象，吞水入胃。有的却很快休克，没有吞咽反射，无水入胃。因此，自杀者呛水机会比失足者少。总的说，不能以腹胀与不胀来判断是不是溺死，更不能以此来判断溺水的自杀、他

杀、意外性质。

〔3〕揾死：这里说的揾死仍是溺死。这段说法不全面。水中尸体面红，可以是死后郁血，尸体在水中，因头面部质量较大，下沉度大于躯干，血液向头面部坠积出现尸斑。不能以此认定被人倒提撤入水里溺死。

〔4〕生前落水受溺，必吸入溺液，气管黏膜受水刺激，黏液分泌增加，水与黏液混合，随着呼吸运动被呼吸道中原有空气冲搅，形成小气泡，死后尸体僵硬或移动尸体，胸廓受挤压，呼吸道内的泡沫就向口鼻涌出，可堆积如蘑菇状，称蕈状泡沫。如果是大量泡沫流出，可认定是溺死的。这段描述的几种征象综合互证后确认溺死，是可取的。

〔5〕因病和其他原因而投水自溺，性质及征象无区别，无论水深浅都能溺死。决心自杀者，在只求一死的心理支配下，在意识未丧失前坚持口鼻外孔不离水，进而吸进水，致呼吸障碍，待窒息昏迷后，再不会抬头了。故小水沟、稻田、装了水的木箱、澡盆、面盆等，只需水能没住半脸深，就能自溺致死。病者投水则身上无其他损伤的说法不确切。因为有的病者，先用多种手段自杀未死再投水自杀，有的在投水时碰伤，有的在水中漂流时碰擦伤等。另一方面，不论什么原因投水自杀的，身上也都可以没有伤。

〔6〕病死者被人丢入水中，其面色不一定微黄，肌肉也不一定较瘦，如突然病死（脑溢血、冠心病发作等），外表可以很健壮。

〔7〕此说片面。口眼可张可不张，并不一定。

〔8〕此说不对。水中尸体经数小时浸泡，手脚表皮膨胀，尤其表皮层厚的手掌、脚底膨胀特别明显，泛白有皱纹。夏天经数日，春秋经二周左右，膨胀的表皮就会像手套、袜子一样脱落。被打死后推入水中，同样会发生这些变化。

〔9〕此说不全面。眼睁闭、嘴张合，手握拳不握拳，都与死亡性质、原因无直接联系。

〔10〕立限：即限期侦破、缉捕罪犯的命令，如受令人到期未破获，就要受到责罚。宋律规定，盗窃、杀人案，限案发后三十日内捕获罪犯。

〔11〕井水面有泡沫不一定都是井内有人之故，井底淤泥、有机物腐烂，可发生沼气，同样有泡沫。

〔12〕假定淡水比重为1，人的比重则为：吸气后0.967，呼气后1.057，比水稍重。溺死者因吸入液体，比重加大，所以下沉，经一定时间，尸体腐败产生气体，比重下降，因而浮出水面。

〔13〕口鼻内有沫：这里指高度腐败尸体，口鼻冒出的腐败血气泡。不是溺死的征象。

【译文】

如果是生前溺水死亡的尸体，男尸在水中呈俯卧形，女尸在水中呈仰卧形。尸体头面后仰，两手、两脚都向前伸出，口闭合，眼有的张开有的闭合，两手握拳，肚腹膨胀，拍打有声响，失足落水的，则两手张开，眼微睁，肚皮略胀；投水自杀的，则手握拳，眼闭合，腹部极胀。两脚底板皮皱色白、不鼓胀，发髻紧结不散，头发与发际、手脚指甲缝、如果穿着鞋子则包括鞋子内都有泥沙，口腔、鼻孔内有水沫，还有些淡红色血污，有的尸体还有碰破擦伤的伤痕。这是死者生前溺水的尸体检验特征。因为溺水的人死亡前，必然有拼命挣扎的过程，呼吸不停，吸水入肚，因而两手自然拳曲，脚指甲缝里有泥沙，口、鼻有水沫流出，腹内进水而肚腹鼓胀。

如果初验、复验延迟了时间，溺者的尸体因早已捞出水面，经风吹日晒，便会发生全身皮肤脱落，或者生长白疱的现象。

如果尸体身上没有伤痕，面色发红，则是被人倒提着揿在水里闷死的。

如果尸体面色微红，口、鼻内有泥水泡沫，肚内有水，腹肚稍胀，这确实是生前溺水死亡的。

如果因为溺者已身患疾病而后再投水自溺的，则无论水深水浅，都可以导致死亡，尸体身上没有其他的伤损。

死者如果是因生疾病先已死亡，以后才被人抛扔在水中的，则尸体口、鼻内没有水沫，肚内无水，也不鼓胀，面色微黄，肌肉较瘦。

如果死者是因为生前患病而身不由己倒在泥沟里死亡的，尸体的口眼张开，两手微握。对于穿戴的衣服和口、鼻、耳、发际等处都有黑泥沾污的溺尸，检验时要脱下他身上的衣服，用水淋洗，再将酒喷洒在尸体上。被泥水淹浸的地方，肉色微白，肚皮微鼓胀，指甲缝里有泥。

死者如果是被人殴打死亡后，推在水中的，掉入的地方水深，尸身就会发胀，水浅就不怎么鼓胀。这种尸体，肤色偏黄而不发白，口开眼睁，两手掌伸张，头发散乱，肚皮不胀，五官中没有水滴流出，指甲缝里无泥沙，两手不拳缩，两脚底板皮不皱也不发白，却有肿胀，身上有要害致命伤损的地方，伤痕呈黑色，尸体微瘦。在检验时，如果发现身上有损伤的地方，要记录在案。即使是被打后自行投水的，也应当把关系人押到官府审问查究。

凡是因为自己投井、或者被人推入井内、或者自己失脚落井等等情况死亡的，尸首情况大同小异，都是头部、面部有被砖石碰破擦伤的痕迹，指甲、毛发里有沙泥，腹肚膨胀，尸体侧卧或俯卧，口内就会有水流出。如果尸体上没有其他伤痕，只能定作落井身死，连自己投井、被人推入井内的情况都包括在里面了。所谓落井的情况小有差异，是指被推入井与失足落井而死的尸体两手张开，眼睛微睁，身上有的还带有钱物之类；自己投井而死的尸体，则是眼睛闭合，双手握拳，身上没有钱物。

一般说因为种种缘故而自己投井的，应该是双脚直插井下；如果是头向下的，可能是被人驱赶逼迫落入井中的，或者是被他人推入井中的。如果是失脚落井的，要验看失脚处的泥土痕迹。

自己投河死亡的、或者被人推入河中死亡的尸体，如果河水较深较阔，身上就没有碰擦伤痕以及沾带泥沙等迹象；如果河水浅而狭窄，则与投井、落井而死的尸体没有什么不同。大约水深三、四尺，都能淹死人。经过检验确无其他损伤，只能验定为落水身死，这就把自己投河与被推入河中死亡的情况都包括进去了。如果尸体身上有绳索及略有伤痕等可疑的情况，就应该验定为被人谋害置于水中死亡。要求在捕限期内捕捉凶手。千万不要顾忌捕限日期，从而遗留下难测的隐患。

对于淹死在河水中或水池内的尸体，水运行的地方叫做河，水不运行不流动的地方叫做水池。在检验时，先要讯问原报案人，什么时间发现水中的尸体？发现时尸体是在现在的地方，还是从别的地方漂流而来的？如果是漂流来的，就要问明东南西北漂流的方向？还有为何停在此处不动的原因？又怎样到官府报案的？如果报案人说是他亲眼看见死者落水的，就要问他当时有没有抢救过？如果曾经进行过抢救，就要问他死者是在水中就已经死亡的呢，还是救上岸来后才死亡的？是立即就报了官的呢，还是经过多少时间才报官的？

如果尸体发现在大江、大河、湖泊、水潭、池塘中间，难以丈量出尸身四周界物的距离，那就只要察看尸体漂浮在什么地方就行了。如果尸体没有浮出水面，经过打捞才出水的，要说清楚是在什么地方进行打捞发现尸体的。如果是在池塘、坑洞等有水又足以淹死人的地方，要量出水的深浅的尺寸，以及坑洞到四周界物的距离。还要问清江、河、湖泊、水潭中的尸体浮起或发现处的地岸，及池塘、坑洞归什么人管辖？叫什么地名？

对于淹死在井里的人，检验的时候，也要先讯问原报案人，怎么发现井内有人的？刚发现时，人死了没有？如果已知道没死，为什么没有抢救？如果尸体还没有浮上来，又如何知道井内有人？如果是屋旁的井，就问死者是何时失踪的？却又怎么知道他沉在井内的？凡是井内有人，井水水面自然先有泡沫，根据这种现象，可验证井内有人。

要丈量井至四周界物的距离，问清井是在什么人的土地上，地名叫什么等情况。如果尸体沉在井底，就不必要丈量井至四周界物的距离，只要大约估量井深有多少丈多少尺，就可打捞尸体出井。

尸体在井内胀足以后，就会浮出水面一尺多，但水浅则不能浮出。如果尸体浮出，要验看头和脚分别是在上还是在下，并量出尺寸。如果尸体没有浮出，还要用竹竿测量到尸体近边的深度尺寸，要验看头和脚分别是在上还是在下。

检验淹死的尸体，如果浸在水中日子较多，尸体发臭膨胀，难以看出明显致死的原因，应该作陈述性的说明：头发脱落，头面膨胀，嘴唇翻张，头面连及全身上下皮肉，一概呈青黑色，皮肤褪落。已验明是本人在井里或者河里，死后水浸，经隔日久，以致造成目前情况。现在无从检验死者全身有没有伤损及其他致死原因，也无法确定死者的年龄、面貌，只检验到死者口鼻内有沫，腹部膨胀。验得前件尸首，确实是在某处溺水身死，在水中浸泡的日子更长、根本无法检验的，就用不着再陈述说明致死的事由原因了。

初春雪寒，溺水的尸体要经过好几天才浮出水面，与春、夏、秋末不一样。

凡溺水死的人，如果是主人家的奴婢或是妻女，没有落水之前曾被打过，尸体上有伤痕，目前的检验认定的确是自己落水或是投井身死的，在验尸报告上也要把所有伤痕填写明白清楚，验定为被打后再溺水死亡。

投井死的人，如果生前没有与人争斗过，检验尸体时发现面部、头部有锐器伤痕，仍然带有血迹，好像是生前受伤的痕迹，这就要验看井内是否有破瓷器之类的物件，是否是因这些物件造成的划伤。因为人体刚刚落入井水时，呼吸尚未停止［血液仍在循环，此时体肤被划破］，其伤痕仍然会带血，如果验定为生前被刀刃所伤，［就会牵连无辜，造成冤案］，这利害关系难道不是太大了吗！

卷之四

二二　他物手足伤死

律云：见血为伤[1]。非手足者，其余皆为他物，即兵不用刃，亦是。

伤损条限：手足十日，他物二十日。

斗讼敕：诸啮人者，依“他物法”。

元符[2]敕《申明刑统》：以靴鞋踢人伤，从官司验定，坚硬即从他物，若不坚硬，即难作他物例。

或额、肘、膝拶，头撞致死，并作他物痕伤。

诸他物是铁鞭、尺、斧头、刀背、木杆棒、马鞭、木柴、砖、石、瓦、粗布鞋、衲底鞋、皮鞋、草鞋之类。

若被打死者，其尸口眼开[3]，发髻乱，衣服不齐整，两手不拳，或有溺污内衣。

若在辜限外死，须验伤处是与不是在头，及因破伤风灌注，致命身死。

应验他物及手足殴伤，痕损须在头面上、胸前、两乳、胁肋旁、脐腹间、大小便二处，方可作要害致命去处。手足折损亦可死，其痕周匝有血荫[4]，方是生前打损。

诸用他物及头额、拳手、脚足、坚硬之物撞打，痕损颜色其至重者紫黯微肿，次重者紫赤微肿，又其次紫赤色，又其次青色。其出限外痕损者，其色微青[5]。

凡他物打着，其痕即斜长或横长；如拳手打着即方圆；如脚足踢，比如拳（寸）[手]分寸较大。凡伤痕大小定作手足他物，当以上件物比定，方可言分寸。[6]凡打着两日身死，分寸稍大，毒气蓄积向里，可约得一两日后身死；若是打着当下身死，则分寸深重，毒气紫黑，即时向里，可以当下身死[7]。

诸以身去就物谓之磕。虽着无破处，其痕方圆[8]；虽破，亦不至深。其被他物及手足伤，皮虽伤而血不出者，其伤痕处有紫赤晕[9]。

凡行凶人若用棒杖等行打，则多先枉实处[10]。其被伤人或经一、两时辰，或一、两日，或三、五日以至七、八日，十余日身死。又有用坚硬他物行打，便致身死者，更看痕迹轻重。若是先驱捽被伤人头髻，然后散拳踢打，则多在虚怯要害处，或一拳一脚便致命。若因脚踢着要害处致命，切要仔细验认行凶人脚上有无鞋履，防日后问难。

凡他物伤，若在头脑者，其皮不破，即须骨肉损也。若在其他虚处，即临时看验。若是尸首左边损，即是凶身行右物致打顺故也；若是右边损，即损处在近后，若在右前，即非也。若在后，即又虑凶身自后行他物致打[11]。贵在审之无失。

看其痕大小，量见分寸，又看几处皆可致命，只指一重害处，定作虚（法）[怯]要害致命身死。

打伤处皮膜相离，以手按之即响[12]，以热醋罨，则有痕。

凡被打伤杀死人，须定最是要害处致命身死。若打折脚手，限内或限外死时，要详打伤分寸阔狭后，定是将养不较，致命身死。面颜岁数，临时声说。

凡验他物及拳、踢痕，细认斜长方圆，皮有微损。未洗尸前，用水洒湿，先将葱白捣烂涂，后以醋糟，候一时除，以水洗，痕即出。

若将榉木皮罨成痕，假作他物痕，其痕内烂损黑色，四周青色，聚成一片，而无虚肿，捺不坚硬[13]。

又有假作打死，将青竹篦火烧烙之[14]，却只有焦黑痕，又浅而光平。更不坚硬。

【注释】

〔1〕见血为伤：宋法典对损伤下的定义。即有血（包括皮下出血）就是伤。亦可理解为有出血才为伤。出血广指血液在血管外积聚的现象，如血管破裂、血管变性通透性增加致全血漏出管外。以现代法医学的观点看，见血为伤的定义不确切。机械力作用形成的机械性损伤广指外力作用，致伤物与人体接触，致组织细胞完整性破坏，功能障碍的现象，其中有些伤体外见血，有些伤体外不见血（如内伤）甚至体内亦不见血（如震荡致功能障碍）。相反，体外见血亦非都是暴力性损伤。如病理性口鼻腔出血、眼球出血、呕血、咯血、便血、皮肤紫癜等等。若某人被钝器打击，并未形成损伤，但恰有病理出血，结果以见血为伤给予判断，这就不科学了。

〔2〕元符：为宋哲宗年号（1098—1100）。

〔3〕口眼开：被打死者口眼不一定睁开。一般尸体眼微开、口闭而不紧。病死的也可有眼睁口张。有的在死亡时眼睁开，死后不能自闭。被打死的手握拳的说法也是片面的，各种原因死亡的手都可握拳也都可以不握拳。

〔4〕血荫：此处指生前损伤出血，血浸周围组织，洗擦不掉。

〔5〕此处指钝器伤皮下出血的颜色。一般说皮肤浅层（如真皮层）出血，其量少，颜色较红；皮下出血量较多，颜色较深，呈紫红，青紫；若深层出血，皮肤呈现的颜色呈暗青色（乌青块）。仅以皮下出血的颜色判断伤轻重是不客观的。有的皮下出血很轻甚至不明显，而体内却有严重损伤，如骨折，内脏破裂等。超过保辜期的伤痕是不是微青呢？从钝器伤的保辜期为十天、二十天的规定看，皮下出血十天以上的颜色已不是青色。一般伤后三、四天，皮下出血颜色已变青绿色，然后以绿色为主，五、六天后成黄绿，一周后以黄色为主，以后逐步变淡消失。

〔6〕这段说法不符合实际。拳击伤痕以不规则的边缘不清的皮下出血为主，若皮肤裂开也不是方圆。脚踢伤亦以呈无特殊形态的边缘不清的皮下出血为多见。如穿硬边鞋踢，可形成边缘清楚的条状或半月形皮下出血。

〔7〕皮下出血呈紫黑色，说明出血较多，皮下出血较多，一般是作用力较大，但不一定死亡，相反皮下出血不很严重的，内脏损伤严重却可死亡。至于毒气向里的说法，从现代医学观点看，是外力波及深部而致组织完整性破坏功能障碍，或瘀血向周围及深部扩散。本书说被打两天后死亡，伤痕尺寸稍大，是有道理的，不是毒气向里，而是皮下出血向周围扩散的缘故。

〔8〕痕为方圆：指为平面物所伤，若体表圆筒状，弧顶向外，受力点呈圆形或椭圆形，因此形成类圆形伤痕。若碰到棱边或角，伤痕形态非圆而是与棱角形态相似。

〔9〕紫赤晕：指以伤痕皮下出血向周围扩散形成血色痕迹，边缘不清。古代称血晕。

〔10〕棒击这些部位，伤重者可以致死，对其死亡时间可以在伤后立即发生，亦可以在一、二个时辰至十几天内发生，这说法是很有道理的。伤及生命重要器官致功能衰竭，或损伤性休克，可迅速死亡，也可经过一定时间才死。损伤引起继发性疾病致死的，其经过的时间往往较长。

〔11〕伤位与打击者体位有关系，但不是绝对的。背部损伤，若是他人硬物打击，面对面的体位关系当然难以形成，但也不一定在背后打，体侧打击也可形成。若他人用软物（如鞭）打击，面对面也可形成。

〔12〕这是指皮肤未裂开的挫伤，皮下软组织断碎出血，皮肤与皮下软组织剥离形成囊腔，触摸时会有轻微声响。

〔13〕用榉树皮拥敷成痕，局部有腐蚀和染色作用，但不引起淤血和肿胀。

〔14〕竹篦火烧烙：竹篦烤热后烙皮肤而出现灼伤。不出现淤血和肿胀。

【译文】

刑律规定：只有看到出血才算是损伤。除手足踢打伤外，其余都属于他物伤，即使使用兵器无锋刃的部分击伤的也是他物伤。

各种伤损的保辜时限：拳脚伤十天，他物伤二十天。

斗讼敕令中规定：凡是咬人致伤的，依照“他物伤法”处理。

元符年间颁布的《申明刑统》中的敕令规定：用靴鞋踢人致伤的，听从官府检验认定，如果靴鞋坚硬，就依他物伤处理；如果靴鞋不坚硬，便难以作为他物伤看待。

又：用额头、肘弯、膝头抵撞和用头撞击引起死亡的，都作为他物伤认定。

所谓“他物”有多种，指：铁鞭、尺、斧头、刀背、木杆棒、马鞭、木柴、砖、石、瓦、粗布鞋、衲底鞋、皮鞋、草鞋等。

如果是被打死的，尸体口眼睁开，发髻散乱，衣服不整齐，两手不握拳，有的有小便沾污内衣。

如果是在保辜时限外死亡的，要验查伤痕是不是在头部，及是否由于破伤风感染而致命死亡的。

应该检验的他物伤及拳脚殴伤，伤痕只有在头面上、胸前、两乳、胁肋旁、脐腹间、大小便二处，才能定作要害致命的部位。手足折断也能致死，这类伤痕周围有淤血的，才能认定是生前已被打断的。

凡是用他物及头额、拳、脚等坚硬的部位撞击的，伤痕的颜色最重的呈紫黑色，稍肿胀；较重的呈紫红色，稍肿胀；一般的呈紫红色，轻的呈青色。已超过保辜时限的伤痕，颜色略微发青。

凡是被他物打伤的，伤痕的形状是斜长条或者横长条。如果是被拳头打的，伤痕是方圆形；如果是被脚踢伤的，伤痕形状如同拳头击伤的，只是尺寸较大。凡是按伤痕大小来验定是拳、脚还是他物打的，应当用以上这些东西来对比验定，才可以说尺寸。凡是被打伤后两天内死亡的，其伤痕比刚打伤时尺寸稍大，因为毒气向里面聚积了。由此可大约估测出是否是在被打后一两日内死亡的。如果是被打当场死亡的，则伤势深重而呈紫黑色，因为毒气立即迅速向内聚积，能当场致命。

凡是用身体去撞别的物体的叫做“磕”。虽然撞着他物，但皮肤一般没有破损的地方，其伤痕为方圆形；即使撞破，也不至于太深。那些被他物及拳足打伤的，皮肤虽然受伤但没有血流出的，伤痕部位有紫红色的血晕。

凡是行凶人用棍棒等物打人的，大多先打击坚实部位。被害人有的隔一两个时辰，有的隔一两天，有的隔三五天以至七八天、十多天才死亡。又有的人用坚硬的物件打人，受害人当场便被打死。因此更要验看伤势的轻重。如果是先揪住受害人的头髻，然后拳打足踢的，则伤痕大多在虚软要害部位，有的一拳一脚便可致命。如果是因为脚踢在要害部位而致命的，务必要仔细验认凶手脚上有没有穿着鞋子，以防日后上级查问。

凡是他物伤，如果伤痕在头脑部位的，尽管头皮没破，必定是骨肉有伤。如果伤痕在其他虚软部位，就应当场验看。如果是尸体左边有损伤，这是由于凶手右手拿着凶器从正面顺手击打的缘故；如果是尸体右边有损伤，这是凶手右手拿着凶器从后面近身的地方击打的缘故。如果伤痕在尸体的右前部就不属于这种情况；如果伤痕在后面，就又得考虑凶手是否从身后用他物击打。总之，贵在仔细审察，才无失误。

验看伤痕的大小，要量出尺寸。验看到有几处可以致命的伤痕，则只能验定伤势最重的一处，为虚弱要害致命死亡的伤痕。

被打伤的地方，皮肤和下层软组织分离，用手揿在上面有响声，用热醋拥敷后，会显出伤痕。

凡被打伤致死的人，必须验定出最是要害的损伤的部位为致命伤痕。如果是被打断手脚的，在保辜时限以内或保辜时限以外死去的，都要在审察打伤的阔狭尺寸后，才验定是否调养不好而致命死亡。死者的面貌、年龄等，也要在检验时查问清楚。

凡是检验他物及拳脚打踢伤痕，要仔细辨认伤痕的形状，是斜长的还是方圆的，皮肤是否稍微损破。在清洗尸体之前，用水洒湿尸体，把葱白捣烂涂在验伤处，然后用醋、糟拥敷，等候一个时辰，除掉醋、糟，用水洗净，伤痕就会显现出来。

如果用榉木皮拥敷出痕迹，假装为他物伤的伤痕，其痕迹内的皮肉虽然烂坏呈黑色，四周青色，聚成一片，但不虚肿，按捺时不感觉坚硬。

还有的尸体伪装成被打死亡的，是在尸体上用火烧热的青竹篦烙烫成伤痕，但是这种伤痕只有焦黑的灼痕，而且浅而平滑。揿按时更没有坚硬的感觉。

二三 自 刑[1]

凡自割喉下死者，其尸口眼合，两手拳握，臂曲而缩，死人用手把定刃物，似作力势，其手自然拳握。肉色黄，头髻紧[2]。

若用小刀子自割，只可长一寸五分至二寸；用食刀，即长三寸至四寸以来；若用瓷器，分数不大。逐件器刃自割，并下刃一头尖小，但伤着气喉即死[3]。

若将刃物自斡着喉下、心前、腹上、两胁肋、太阳、顶门要害处，但伤着膜[4]，分数虽小即便死；如割斡不深，及不系要害，虽三、两处，未得致死。若用左手，刃必起自右耳后，过喉一、二寸；用右手，必起自左耳后[5]。伤在喉骨上难死，盖喉骨坚也。在喉骨下易死，盖喉骨下虚[6]而易断也。其痕起手重，收手轻[7]。假如用左手把刃而伤，则喉右边下手处深，左边收刃处浅，其中间不如右边。盖下刃太重，渐渐负痛缩手，因而轻浅，及左手须似握物是也。右手亦然。

凡自割喉下，只是一出刀痕，若当下身死时，痕深一寸七分，食系、气系并断；如伤一日以下身死，深一寸五分，食系断，气系微破；如伤三、五日以后身死者，深一寸三分，食系断，须头髻角子散慢[8]。

更看其人面愁而眉皱，即是自割之状此亦难必。

若自用刀剁下手并指节者，其皮头皆齐，必用药物封扎。虽是刃物自伤，不能当下身死，必是将养不较致死。其痕肉皮头卷向里；如死后伤者，即皮不卷向里，以此为验[9]。

又有人因自用口齿咬下手指者，齿内有风着于痕口，多致身死[10]，少有生者。其咬破处疮口一道，周回骨折，必有浓水淹浸，皮肉损烂。因此，将养不较，致命身死。其痕有口齿迹，及有皮血不齐去处。

验自刑人，即先问原申人：其身死人是何色目人？自刑时或早或晚？用何刃物？若有人来识认，即问：身死人年若干？在生之日，使左手、使右手？如是奴婢，即先讨契书看，更问：有无亲戚，及已死人使左手、使右手？并须仔细看验痕迹去处。

更须看验，在生前刃伤，即有血行；死后即无血行[11]。

【注释】

〔1〕自刑：指自杀和自伤。自我施加暴力，意在结束自己的生命的行为叫自杀。为达某种目的，自用暴力致皮肉伤叫自伤。自伤者怀有某种企图，必称被伤或意外，从而渲染情节，夸大伤情。

〔2〕头髻紧：头发梳卷成团为髻，自杀者死亡过程比较平静，故发髻不散。死后仍紧抓刀具的现象，指握刀自刎者的尸体，手僵硬固定，紧握刀，难拔出的现象。可因尸僵形成手呈握拳状，也可因尸体痉挛而紧握，尸体保存临死时瞬间肢体姿势死后未松弛的现象叫尸体痉挛。死后无法伪装。

〔3〕伤着气喉即死：气管上接喉、下连支气管，是呼吸的通道。气管切破，空气可从破口进出，并不影响呼吸，只要伤后出血不堵塞呼吸道，

一般不会致死。临床上抢救喉头堵塞，就常用气管切开术。若同时伤及大血管，流血过多，或血流进气管而堵塞支气管，或创伤休克则可迅速引起死亡。不同长度的利器切割成创，其创长与利器长并不成比例，刀片可造成很长的切割创。

〔4〕膜：此处指血管。只要伤到喉颈、心前、腹上、两胁肋、太阳穴、顶门的血管、尺寸虽小也会立即死亡之说，过于绝对了。伤到大血管致急性失血，或由于出血压迫生命重要器官，可以致死。伤及较小血管，又没有压迫、堵塞等情况发生时，不一定会致死。头顶部的血管较小，如只割破头皮血管，颅内没有损伤和功能障碍，是不会死亡的。

〔5〕刎颈位置及走向与用手习惯的关系，用右手握刀切颈的，创口偏左侧，创口斜形，左侧高右侧低，用左手者相反。古代法医学这种说法一直沿用至今。实际上不尽如此。使用那一只手握刀切颈，创口均可在颈前呈水平状或仅稍有斜度。

〔6〕喉骨下虚：喉骨指甲状软骨，男性颈前突起即是甲状软骨结节。其下方接环状软骨，并不虚软，甲状软骨较环状软骨宽厚且稍硬些，但不是坚硬，同样易被割断。

〔7〕起手重，收手轻：自刎颈者下刀较重收刀较轻，一般如此，但也有相反，下刀较轻，用刀一拉，突然终止，形成收刀侧创口更深更重。

〔8〕割深死快，这个论点不科学。刎颈致死一般有三个因素：颈部大血管（颈总动脉、颈内静脉）破裂大出血，重要神经（颈髓、迷走神经）断裂、功能障碍，气管流进血液堵住支气管。三个原因可同时出现，也可单独出现而致死。颈前二侧的大动静脉均很浅，容易割断，一旦切断，迅速死亡，而伤口可以不深。亦有的在颈前正中切割，把喉头气管、食道切断，却未伤及两侧大血管，伤口很深却未致死。因此书中说的伤后死亡时间与伤口深度的关系，是不全面的。

〔9〕皮内卷缩，生前伤征象之一。生活着的组织纤维保持一定紧张性，一旦中断，会向二端收缩，因此创缘皮肤呈内卷缩状。死后，组织纤维失去紧张性，中断后收缩极微弱，创缘皮肤没有明显向内卷缩。

〔10〕咬断手指大多致命，很少活下来的说法不符合实际。口腔有许多致病菌及细菌毒素，被咬伤口容易感染，组织坏死化脓，个别的可因败血症或破伤风而死亡。多数还是能够治愈的。

〔11〕血行：指生命体的生命现象，此处作生活反应解。

【译文】

凡是自己割颈喉自杀的，这种尸体口合眼闭，两手握拳，手臂弯缩，死者用手抓紧有锋刃的物体，像用力的姿势，他的手会自然握拳。皮肉色黄，发髻不散。

如果是用小刀子自割的，刀痕长只有一寸五分至二寸；用菜刀割的，长达三寸至四寸以内；如果是用破损瓷器割的，伤痕的尺寸不大。用各种锐器的刀口自割，并且是用尖小的一头刺戳的，只要伤着气管就能死亡。

如果是用锐器在喉颈、心前、腹上、两胁肋、太阳穴、顶门等要害部位自伤的，只要伤到脉膜，尺寸虽小，也会立即死亡；如果割扎得不深，以及不是要害部位，虽有三两个地方伤痕，也不能致死。如果用左手拿刀刎颈，刃痕必定起自右耳后，经过喉颈一、二寸长；用右手拿刀刎颈，刀痕必定起自左耳后。如果割在喉骨上就难以致死，因为喉骨坚硬，难以割断。割在喉骨下就容易送命，因为喉骨下虚软而易于割断。自割的伤痕都起手重，收手轻。假如用左手拿刀刎颈而伤，则喉颈右边下手的地方刀痕深，左边收刀的地方刀痕浅，刀痕中间也不及右边深，因为下刃时太重渐渐负痛缩手，所以轻浅，还有左手像握物的样子也是这种情况。用右手拿刀刎颈的也是这样。

凡是自割喉管只有一处刀伤，当场就死亡的，伤口必深达一寸七分左右，食管、气管全都割断；如果在受伤后一天之内死亡的，伤口仅深一寸五分左右，食管割断，气管略破；如果受伤三、五天以后才死亡的，伤口只有一寸三分左右深，食管割断，发髻必定散乱。

如果还看到死者面有愁容，眉头紧皱，这是自割的表情。不过也难说是必然如此。

如果死者生前自己用刀剁下自己的手或手指节的，创伤断面，皮肉断头都较整齐，必然用药物包扎过。虽说是用锐器自伤，但不会立即死亡，一定是调养不好引起死亡的。如生前剁断，其伤痕皮肉向里卷缩；如果是死后被人剁断的，断皮就不向里卷缩，［是生前伤断还是死后剁断］可根据这种现象来验证。

又有人自己用牙齿咬下手指的，由于牙齿上有病邪，感染到伤口上，大多能使人死亡，很少有活下来的。咬断的地方有疮口一道，周围骨折，有脓水淹浸，皮损肉烂，因此调治不好，致命身死。创口上有牙齿印迹，皮肉断面不整齐。

检验用锐器自伤自杀的尸体，要先讯问原报案人，这死者是何种身份的人？用锐器自伤自杀的时间是早是晚？用的是什么锐器？如果有人来辨认尸体，就要讯问死者的年龄？生前习惯用左手还是右手？如果是奴婢，就要先讨取契约文书验看，还要查问死者有没有亲戚，以及生前习惯用左手还是右手？并且要仔细验看有伤痕的地方。

还要验看［是生前伤还是生后伤］，生前被刀刃创伤的有生活反应，死后被伤的没有生活反应。

二四 杀 伤

凡被人杀伤死者，其尸口眼开，头髻宽或乱，两手微握[1]，所被伤处要害分数较大，皮肉多卷凸。若透膜，肠脏必出[2]。

其被伤人见行凶人用刃物来伤之时，必须争竞，用手来遮截，手上必有伤损。或有来护者，亦必背上有伤着处。若行凶人于虚怯[3]要害处一刃直致命者，死人手上无伤，其疮必重。若行凶人用刃物斫着脑上、顶门、脑角、后发际，必须斫断头发，如用刀剪者。若头顶骨折，即是尖物刺着，须用手捏着其骨损与不损[4]。

若（木）[尖]刃斧痕，上阔长，内必狭。大刀痕，浅必狭，深必阔。刀伤处，其痕两头尖小，无起手、收手[5]轻重。枪刺痕，浅则狭，深必透簳，其痕带圆。或只用竹枪、尖竹担斡着要害处，疮口多不齐整，其痕方圆不等。

凡验被快利物伤死者，须看原着衣衫有无破伤处，隐对痕血点可验。又如刀剔伤肠肚出者，其被伤处，须有刀刃撩划三两痕。且一刀所伤，如何却有三两痕？盖凡人肠脏盘在左右胁下，是以撩划着三两痕[6]。

凡检刀枪刃斫剔，须开说：尸在甚处、向当、着甚衣服，上有无血迹，伤处长、阔、深分寸[7]，透肉不透肉；或肠肚出，背膜出，作致命处。仍检刃伤衣服穿孔。如被竹枪尖物剔伤致命，便说：尖硬物剔伤致死。

凡验杀伤，先看是与不是刀刃等物，及生前死后痕伤。如生前被刃伤，其痕肉阔，花纹交出[8]；若肉痕齐截，只是死后假作刃伤痕。如生前刃伤，即有血汁，及所伤痕疮口皮肉血多花鲜色，所损透膜即死。若死后用刀刃割伤处，肉色即干白，更无血花也。盖人死后血脉不行，是以肉色白也[9]。

此条仍责取行人定验，是与不是生前、死后伤痕。

活人被刃杀伤死者，其被刃处皮肉紧缩，有血荫四畔。若被人支解着，筋骨皮肉稠粘，受刃处皮肉骨露[10]。

死人被割截，尸首皮肉如旧，血不灌荫，被割处皮不紧缩，刃尽处无血流，其色白。纵痕下有血，洗检[11]，挤捺，肉内无清血出，即非生前被刃。

更有截下头者，活时斩下，筋缩入；死后截下，项长，并不伸缩[12]。

凡检验被杀身死尸首，如是尖刃物，方说“被刺要害”；若是齐头刃物，即不说“刺”字。如被伤着肚上、两肋下或脐下，说长阔分寸后，便说“斜深透内脂膜[13]，肚肠出，有血污，验是要害被伤割处，致命身死。”若是伤着心前、肋上，只说“斜深透内，有血污，验是要害致命身死。”如伤着喉下，说“深至项，锁骨损，兼周回所割得有方圆不齐去处，食系、气系并断，有血污，致命身死。”可说：“要害处。”如伤着头面上，或太阳穴、脑角、后发际内，如行凶人刃物大，方说骨损；若脑浆出时，有血污，亦定作要害处致命身死。如斫或刺着沿身不拘那里，若经隔数日后身死，便说：“将养〔14〕不较，致命身死。”

凡验被杀伤人，未到验所，先问原申人：曾与不曾收捉得行凶人？是何色目人？使是何刃物？曾与不曾收得？刃物如收得，取索看大小，着纸画样；如不曾收得，则问刃物在甚处？亦令原申人画刃物样。画讫，令原申人于样下书押字。更问原申人：其行凶人与被伤人是与不是亲戚？有无冤仇？

【注释】

〔1〕本节说的杀伤应是使用锐器、钝器的他杀伤。他杀的尸体口眼不一定张开，自杀的也不一定不张开，两手握拳与否跟自他杀亦无必然联系。正常尸体现象即是口微张、眼微开、两手半握拳状，这是肌肉处在各自僵硬收缩状态的结果。至于发髻是否松散要看抵抗程度，突然遭袭击致命，发髻可以没有变化。

〔2〕透膜肠脏必出：指穿透腹壁。穿透腹壁的伤，伤口稍大的，大网膜、肠子甚至胃，有可能膨出，如伤口很小（如小于1厘米），就难于膨出。

〔3〕虚怯：指较软的部位，如颈、肋间、腹部等。

〔4〕骨损：利器砍头部，可砍开颅骨，甚至有延伸性骨裂或粉碎性骨折。头顶颅骨破损不一定就是刺的。

〔5〕起手、收手：指切割时起刀和收刀。砍是挥动利器劈击组织，在极短时间里消耗动能，组织受很大的冲力，伤较重。砍击伤无起刀、收刀之分。

〔6〕指一次作用形成多处伤痕。这段描述很正确。肠子屈曲盘绕紧靠于腹腔里。刺入腹腔就可能伤及几段肠子。

〔7〕长、阔、深分寸：是以皮肤为水平面的伤口最大长度，与长轴垂直的最大阔（宽）度，深指创口平面至创底距离。这是记录伤口大小的方法。古代法医检验就能用度量规范地描述伤痕大小，十分了不起。当今，还有一些法医或医生用实物比拟伤痕大小，什么鸡蛋大、黄豆大等，量的概念非常模糊。

〔8〕花纹交出：生前锐器伤，中断的皮肤，肌肉纤维收缩，各纤维束粗细、排列、紧缩性不同，致收缩程度不一，创壁出现各组织之断面是整齐的总体观，又有参差不齐的现象呈现，加之肌肉、肌膜、脂肪、疏松组织的颜色不一样，所以呈花纹交错状。由于纤维收缩的缘故，创口哆开很明显。古代法医学这样精辟描述生前伤征象，令人惊叹。

〔9〕肉色白：死后伤现象。死后，血液顺血管坠移尸体低下部位，上部组织缺血，切开组织血色贫乏，肌肉颜色较浅（不是白），在低下部位切开皮肉，有血水渗出，肌肉颜色较深，经水洗，血可去，肌肉颜色会浅些。生前伤口有凝血现象，死后伤口即无此现象。这段区别生前与死后伤的内容是科学的。

〔10〕皮肉骨露：生前伤征象之一。皮肤、肌肉纤维中断后明显收缩，骨骼中断后基本不收缩（关节错位除外），所以露出。

〔11〕洗检：区别生前与死后伤的检验方法。生前伤口有凝血，周围组织间隙亦被浸染（血荫），洗不掉；死后伤口即使有血，水洗即掉。

〔12〕筋：广指肌腱、肌膜、大神经束、大血管等弹性韧性都较大的组织，狭指肌腱。有生活机能的筋，有一定的紧张性，一旦中断，顺纤维走向收缩显著，失去生活机能后中断，收缩轻微。

〔13〕脂膜：指腹腔内的网膜，有大网膜、小网膜，大量脂肪组织，俗称网油，古代有脂膜之称。

〔14〕将养：在这里应理解为抢救、调治。

【译文】

凡是被人杀死的，尸体口眼张开，头髻松散或纷乱，两手半握拳，被伤部位的要害伤口尺寸较大，皮肉多半卷凸，如果凶器穿透肚皮，肚肠必然冒出来。

被害人看到行凶人用利器来击刺的时候，必然会抵抗争斗，用手来挡截，手上就必有伤损；或者有人来掩护的，背上也必定有伤着的地方。如果行凶人只在被害人虚弱要害部位捅一刀便径直致死的，死者手上没有伤，其创伤必定很重。如果行凶人用利器砍在被害人头上顶门、脑角、后发际，必然要砍断头发，就像用剪刀剪的一样。如果头顶骨折，就是尖利的物件刺着的，要用手捏着该处的头骨验看破损与不破损。

如果是尖头刀、斧头砍的，伤口外部又阔又长，伤口内面必定狭窄。大刀砍的伤痕，伤口浅的必定狭窄，伤口深的必定宽阔。刀伤的地方，其伤痕两头尖小，没有起手、收手的轻重分别。枪刺的伤痕，伤口浅的就狭窄，伤口深的必定连枪杆都透入，其伤痕带圆形。或只用竹枪、尖竹扁担刺着要害部位，创口大多不齐整，形态不一。

凡是检验被锋利的物件刺死的尸体，要看死者原来穿着的衣衫上有没有破损的地方，靠近伤痕的地方，有血迹可验。又如刀挑伤，肚肠冒出的，肠子受伤的部位，必有刀刃刺割两三处伤痕。只是被一刀刺伤，怎么会有两三处伤痕呢？因为凡是人的肚肠都盘在左右胁下，所以一刀便会刺割出两三处伤痕。

凡是检验刀口砍伤、枪尖刺伤的，在验尸报告上要写明：尸体在什么地方，处什么位置，什么方向，穿什么衣服，衣服上有无血迹，伤口长、阔、深的尺寸，透肉不透肉；或肚肠冒出，还是连肠膜也流出，验出致命的地方。还要检验伤口处的衣服有无穿孔。如果是被竹枪、尖硬的东西刺伤致命，便写上是尖硬的东西刺伤致死。

凡是检验杀伤的尸体，先看是不是有刀刃等利器杀伤，以及是生前还是死后伤。如果是生前被有刀刃的利器杀伤，其伤口开阔，[皮肉收缩不一]，花纹交错；如果刀痕处皮肉齐整，就是死后假作的刀刃伤痕。如果是生前的刃伤，就会有血水，以及所伤的创口皮肉上有许多鲜红色的凝血块，伤透动脉管的就会死亡。如果是死后用刀刃割伤的，伤处肉色就干白，而且没有凝血块。因为人死后血液不流通，所以肉色发白。这一条要责成检验人员验定，是生前还是死后伤。

活人被刀刃杀伤死亡的，被刀刃伤着的地方皮肉收缩紧固，四周有血荫。如果是被支解而死的，死者筋骨皮肉黏稠，受刀的地方皮肉紧缩，骨头露出。

死后被支解割截的，尸体皮肉跟原来一样，不形成血荫，被割的地方皮肤不紧缩，刀刃收口处没有血液流出，肉色发白。假使创痕下有血迹，要洗掉后再检验，用力挤按，如果肉内没有清血流出，这就不是生前被刀刃所杀伤的。

还有将死者的头颅割下来的。如果是活着的时候砍下的，筋腱缩进皮肉；如果是死后截下的，颈项跟原来一样长，并不收缩。

凡是检验被杀死亡的尸体，如果凶器是尖利的物件，才能写上“被刺要害”；如果是平头的刃器，就不写“刺”字。如果被伤的是腹部、两肋下或者脐下，在写清伤口的长、宽尺寸后，要写上“伤口倾斜，深透体内脂膜，肚肠冒出，有血污，经验明确是要害部位被伤割，致命而死亡。”如果被伤的是胸前、肋上，只写“伤口倾斜，深透体内，有血污，经验明确是要害致命而死亡。”如果伤在喉颈，要写明“伤口深至颈项，锁骨受损，兼有周围被割伤有方圆不整齐的地方，食管、气管都被割断，有血污，致命死亡。”也可以写为:“是要害部位。”如果是伤在头面上或太阳穴、脑角、后发际等处，假使行凶人用的刀刃大，才可写明骨头受损；如果脑浆流出，有血污，也验定为要害部位致命身死。如果是砍着或刺着全身不管哪里，如果是隔了几天以后才死亡，便写作:“调治无效，致命身死。”

凡是检验被杀伤的人，没有到达检验现场以前，要先讯问原报案人，是不是捉拿到了凶手？凶手是什么身份？使用什么凶器？是否已经收缴？凶器如果已经收缴，就要索取验看它的大小，并在纸上画出图样；如果没有收缴到凶器，要问凶器在什么地方，也要责令原报案人画出凶器图样。画好了，责令原报案人在图样上签字画押。还要询问原报案人，行凶人与被伤害人是不是亲戚？有没有冤仇？

二五　尸首异处

凡验尸首异处，勒家属先辨认尸首。务要仔细打量尸首顿处四至。讫，次量首级离尸远近，或左、或右，或去肩脚若干尺寸。支解手臂、脚腿，各量别计，仍各写相去尸远近。却随其所解肢体与尸相凑[1]，提捧首与项相凑，围量分寸，一般系刃物斫落。若项下皮肉卷凸，两肩井耸[2]皺（chuò），系生前斫落；皮肉不卷凸，两肩井不耸皺，系死后斫落。

【注释】

〔1〕相凑：即衔接，检验被支解尸块的方法。被锐器支解的尸块，断面一般比较平整，能比较吻合的拼接。生前砍断的，皮肉收缩现象明显。现代法医学对尸块的检验，除拼接外，还注重身高、性别、年龄的判断，检验血型、DNA等，为查清死者身份提供资料。

〔2〕肩井耸：肩胛骨突出，生前砍颈首落，躯干端软组织收缩，骨头外露，如砍位低，肩部皮肤削除，肩胛骨高耸。砍位高，则不应有此现象。

【译文】

凡是检验身体和头颅不在一处的尸体，要叫死者的家属先辨认尸体。务必要仔细丈量尸身放置现场的四周界物距离。量完后，再量头颅距离尸身的远近，是在尸身的左面还是右面，离开肩膀、腿脚多少尺寸。被支解手臂、腿脚的，要分别量出各自的距离，仍然要各自写下距离尸身的远近。还要按照被支解肢体的原位置与尸身相拼凑，将头颅与头颈相拼凑，量出颈围尺寸。能衔接上的头颅，一般都是被锋刃的利器砍下来的。如果头颈上皮卷肉凸，两肩井骨耸、皮脱，就是生前被砍落的；如果头颈上皮不卷、肉不凸，两肩井骨不耸、皮不脱，那是死后被砍落的。

二六　火　死

凡生前被火烧死者，其尸口鼻内有烟灰[1]，两手脚皆拳缩[2]；缘其人未死前被火逼奔争，口开气脉往来，故呼吸烟灰入口鼻内。若死后烧者，其人虽手足拳缩，口内即无烟灰；若不烧着两肘骨及膝骨，手脚亦不拳缩。

若因老病失火烧死，其尸肉色焦黑或卷，两手拳曲，臂曲在胸前，两膝亦曲，口眼开，或咬齿及唇，或有脂膏黄色突出皮肉[3]。

若被人勒死抛掉在火内，头发焦黄，头面、浑身烧得焦黑，皮肉搐皱，并无暗浆飏皮去处，项下有被勒着处痕迹[4]。

又若被刃杀死，却作火烧死者，勒仵作拾起白骨，扇去地上灰尘，于尸首下净地上，用酽米醋、酒泼[5]。若是杀死，即有血入地鲜红色。须先问尸首生前宿卧所在，却恐杀死后移尸往他处，即难验尸下血色。

大凡人屋或瓦或茅盖，若被火烧，其死尸在茅瓦之下；或因与人有仇，乘势推人烧死者，其死尸则在茅瓦之上。兼验头足，亦有向至。

如尸被火化尽，只是灰，无条段骨殖者，勒行人、邻证供状："缘上件尸首，或失火烧毁，或被人烧毁，即无骸骨存在，委是无凭检验。"方与备申。

凡验被火烧死人，先问原申人：火从何处起？火起时其人在甚处？因甚在彼？被火烧时，曾与不曾救应？仍根究曾与不曾与人作闹？见得端的，方可检验。

或检得头发焦卷，头、面连身一概焦黑，宜申说："今来无凭检验本人沿身上下有无伤损他故，及定夺年颜形状不得。只检得本人口鼻内有无灰烬，委是火烧身死。"如火烧深重，实无可凭，即不要说口鼻内灰烬。

【注释】

〔1〕烟灰：生前火烧，吸进烟灰。古代尸体检验已注意到口腔、鼻孔有无烟灰，判断生前还是死后被烧，很了不起。不过死后烧，烟灰也可飘落口腔、鼻腔。现代法医学认为须检验到气管（深度）以下有烟灰炭末，才能认定生前烧。

〔2〕拳缩：指四肢屈曲，又称拳斗姿势。由于高温作用，四肢肌肉热凝固收缩，牵动关节，主管屈曲的肌肉比管伸展的肌肉强，故四肢屈曲。四肢生前烧、或死后肌肉未腐烂时烧，都可出现。

〔3〕指高温作用，脂肪溢出的征象。这段描述的征象都是高温作用时间较长，皮肉收缩较严重的结果，很难以此判断被烧者就是老年有病的人。

〔4〕勒死抛掉在火内：投尸入火焚烧，头发易燃，很快灰化，不呈焦黄。没有起泡脱皮的说法亦不全面。死后烧，由于皮下蒸气作用，表皮鼓气成泡，接着鼓起处先烧焦，也有的鼓起后回落，未进一步烧，表皮成皱纸样，亦有的鼓气后破裂，表皮呈脱落状。颈部能否检验到勒痕问题，则要看烧的程度，如果表皮烧焦，真皮、皮下干硬变脆，经技术处理，也可检见原有的勒痕。

〔5〕醋、酒泼：这种检验被烧现场血迹的方法有些道理。被锐器杀死的，一般有血流出，浸入地，火烧后，血迹受热固缩，颜色变成黑褐，与被烧地面反差小，难检见，经醋、酒浇浸后，血迹膨胀，颜色暗褐（不会

鲜红），呈现血迹。

【译文】

凡是生前被火烧死的人，其尸体口腔、鼻孔里面有烟灰，四肢拳曲，因为死者没死前，被火烧逼，必然奔走挣扎，嘴巴张开，呼吸急促，所以把烟灰吸进口腔、鼻孔内。如果是死后被烧的，尸体虽然也手足拳缩，但口腔里无烟灰。如果没烧着两肘骨及膝骨，手脚也不拳缩。

如果是由于年老有病［房屋］失火被烧死的，尸体肉色焦黑并卷缩，两手拳曲，手臂弯曲在胸前，两膝也弯曲，口眼张开，有的死者咬着牙齿及嘴唇，有的有黄色脂膏凝结突起在皮肉上面。

如果是被人勒死后抛入火内焚烧的，尸体头发焦黄，头面和全身烧的焦黑，皮肉抽缩卷皱，但没有起泡脱皮的地方，头颈上有被勒过的痕迹。

还有如果被刀刃杀死，却［投入火中焚烧，］伪装成被火烧死的，应当命令检验人员捡起白骨，扇去地上的灰尘，在尸体下面扇干净的地面上，用浓醇的米醋与酒浇泼［进行检验］。如果是生前被杀死的，现场会有血流入地下，［经浇泼米醋、酒后］，就会呈现出鲜红色血迹。但必须先要问清死者生前睡卧的地方，那是恐怕死者被杀死后已经移尸到别的地方，就难以通过尸身睡卧地面上的血迹的颜色的检验［来验定是生前死亡还是死后焚尸了］。

一般人住的房屋，或者是瓦盖的，或者是茅草盖的，如果遭到火烧，死者尸体必定盖在茅草、瓦片之下。有的人因为与人有仇，被仇人乘势推入火中烧死的，他的尸体就躺在茅草、瓦片之上。同时还要检验尸体的头脚，因为这里也有被推入的特定的朝向、位置的问题。

如果尸体已被火烧尽，仅仅剩下骨灰而无成条成块的骨殖的，要勒令检验人员、邻居、证人写出证明："由于上件尸体或失火烧毁、或被人烧毁，没有骸骨存在，确实是无从检验。"才能向上级备文申报。

凡是检验被火烧死的人，先要问明原报案人，火是从什么地方起来的？火起时死者在什么地方？为什么待在那个地方？火烧时是不是抢救过？还要彻底查清死者生前是不是与人争斗过，查究确实，才可检验。

或者检验的被烧尸体的头发已焦卷，头脸以及全身一概焦黑。[在验尸报告上]应写清楚："现已无法验明死者全身上下有无伤损和其他伤亡缘故，以及无法确定死者年龄、容貌、体形等。只检验到死者口鼻内有灰烬，确实是被火烧死的。"要是尸体被烧得还要厉害，实在没有什么可检验的，就连口鼻内有灰烬都不要说。

二七　汤泼死[1]

凡被热汤泼伤者，其尸皮肉皆拆，皮脱白色，着肉者亦白，肉多烂赤。如在汤火内，多是倒卧，伤在手足、头面、胸前。如因斗打或头撞、脚踏、手推在汤火内，多是两后胑与臀腿上。或有打损处，其疱不甚起，与其他所烫不同[2]。

【注释】

〔1〕汤泼死：即高温液体烫死。烫的程度与烧一样可分Ⅳ度（期），Ⅰ是皮肤充血变红，称红斑性烫伤（充血期），治愈后不遗痕迹；Ⅱ 是表皮鼓气成泡，泡内充满淡黄色液体，泡周围红肿，称水泡性（期）烫伤，临床上又分浅Ⅱ° 深Ⅱ°，治愈后较轻的有色素沉着，较重的有瘢痕；Ⅲ是皮肤下组织凝固坏死，表皮可成片脱落，常有焦痂，治愈后瘢痕严重，需植皮；Ⅳ 是皮肉膨胀软化，如火烧的呈干固脆酥，称为炭化。所以烫死的尸体不一定皮肉全裂开，皮肤也不一定脱落，视程度而定。

〔2〕先伤后烫，先打伤，在打伤的地方再烫。如果打伤严重，组织坏死，循环障碍，被烫时局部反应（尤其水泡期反应）强烈程度会比正常部位稍差。

【译文】

凡是被滚水泼烫伤而死的，尸体上的皮肉全部开裂，皮肤脱落，皮色发白，直接烫着肉的地方也呈白色，大多烫溃烂，呈鲜红色。如果是跌进正烧着的滚水中，大多数人是倒卧下去，烫伤的部位主要在手脚、头脸、胸前。如果是由于与人打斗，被头撞、脚踢、手推而掉入滚水中的，一般是烫伤在两后腿弯和臀部、大腿上。如果有被人打伤的部位再被烫伤，皮肉上面一般不再发生烫泡，与其他地方被烫时的症状不相同。

二八　服　毒

凡服毒死者，尸口眼多开，面紫黯或青色，唇紫黑，手、足指甲俱青黯，口、眼、耳、鼻间有血出[1]。

甚者，遍身黑肿，面作青黑色，唇卷发疱，舌缩或裂拆，烂肿微出，唇亦烂肿或裂拆，指甲尖黑，喉、腹胀作黑色、生疱，身或青斑，眼突，口、鼻、眼内出紫黑血，须发浮不堪洗。未死前须吐出恶物，或泻下黑血，谷道肿突，或大肠穿出[2]。

有空腹服毒，惟腹肚青胀，而唇、指甲不青者；亦有食饱后服毒，惟唇、指甲青而腹肚不青者；又有腹脏虚弱老病之人，略服毒而便死，腹肚、口唇、指甲并不青者，却须参以他证。

生前中毒，而遍身作青黑，多日皮肉尚有，亦作黑色。若经久，皮肉腐烂见骨，其骨黲黑色[3]。

死后将毒药在口内假作中毒，皮肉与骨只作黄白色[4]。

凡服毒死，或时即发作，或当日早晚，若其药慢，即有一日或二日发。或有翻吐，或吐不绝。仍须于衣服上寻余药，及死尸坐处寻药（初）[物]、器皿之类。

中蛊毒，遍身上下、头面、胸心并深青黑色，肚胀，或口内吐血，或粪门内泻血[5]。

鼠莽草毒，江南有之。亦类中蛊，加之唇裂，齿龈青黑色。此毒经一宿一日，方见九窍有血出[6]。

食果实、金石药[7]毒者，其尸上下或有一二处赤肿，有类拳手伤痕，或成大片青黑色，爪甲黑，身体肉缝微有血，或腹胀，或泻血。

酒毒，腹胀，或吐、泻血。

砒霜[8]、野葛[9]毒，得一伏时[10]，遍身发小疱，作青黑色，眼睛耸出，舌上生小刺疱绽出，口唇破裂，两耳胀大，腹肚膨胀，粪门胀绽，十指甲青黑。

金蚕[11]蛊毒，死尸瘦劣，遍身黄白色，眼睛塌，口齿露出，上下唇缩，腹肚塌。将银钗验，作黄浪色，用皂角水洗不去。一云如是：只身体胀，皮肉似汤火疱起，渐次为脓，舌头、唇、鼻皆破裂，乃是中金蚕蛊毒之状。

手脚指甲及身上青黑色，口鼻内多出血，皮肉多裂，舌与粪门皆露出，乃是中药毒、菌蕈毒之状[12]。

如因吐泻瘦弱，皮肤微黑不破裂，口内无血与粪门不出，乃是饮酒相反之状[13]。

若验服毒，用银钗，皂角水揩洗过，探入死人喉内，以纸密封，良久取出，作青黑色，再用皂角水揩洗，其色不去；如无，其色鲜白[14]。

如服毒、中毒死人，生前吃物压下，入肠脏内，试验无证，即自谷道内试，其色即见。

凡检验毒死尸，间有服毒已久，蕴积在内，试验不出者。须先以银或铜钗[15]探入死人喉，讫，却用热糟醋自下罨洗，渐渐向上，须令气透，其毒气熏蒸，黑色始现。如便将热糟醋自上而下，则其毒气逼热气向下，不复可见。或就粪门上试探，则用糟醋当反是。

又一法，用大米或占米三升炊饭，用净糯米一升淘洗了，用布袱盛，就所炊饭上炊馈。取鸡子一个，鸭子亦可。打破取白，拌糯米饭令匀，依前袱起，着在前大米、占米饭上，以手三指紧握糯米饭如鸭子大，毋令冷，急开尸口，齿外放着，及用小纸三、五张，搭遮尸口、耳、鼻、臀、阴门之处，仍用新棉絮三、五条，酽醋三、五升，用猛火煎数沸，将棉絮放醋锅内煮半时取出，仍用糟盘罨尸，却将棉絮盖覆。若是死人生前被毒，其尸即肿胀，口内黑臭恶汁喷来棉絮上，不可近，后除去棉絮。糯米饭被臭恶之汁亦黑色而臭，此是受毒药之状[16]；如无，则非也。试验糯米饭封起，申官府之时，分明开说。此检验诀，曾经大理寺看定。

广南人小有争怒赖人，自服胡蔓草，一名断肠草，形如阿魏，叶长尖，条蔓生，服三叶以上即死。[17]干者或收藏经久，作末食亦死。如方食未久，将大粪汁灌之可解。其草近人则叶动。将嫩叶心浸水，涓滴入口，即百窍溃血。其法：急取抱卵不生鸡儿，细研和麻油开口灌之，乃尽吐出恶物而苏。如少迟，无可救者。

【注释】

〔1〕有血出：服毒死的人，口、鼻、眼、耳中流血，即所谓七窍流血。这说法不正确。从毒理角度看，只有少数毒物中毒后有出血现象，但

没有七窍流血。古代较常见的毒物砒霜（三氧化二砷）中毒，即无七窍流血。现在卫生工作上较常用的有机合成毒鼠药，让鼠中毒后，经过一两天，七窍可以有少量血液流出，全身皮肤亦有出血点，但这种毒药古代尚不能生产。至于中毒后脸色青黑，也只有部分毒物中毒后，由于组织缺氧，或血液变性（低铁血红蛋白变成高铁），出现面色青紫或灰紫的现象。

〔2〕大肠穿出：即直肠脱出，称脱肛。中毒后腹泻严重的（如砒霜中毒），有可能脱肛，但很少见。这段描述的征象，符合高度腐败的尸体征象（包括肛突、脱肛），不应是中毒征象。可能是把正常的尸变征象与中毒混淆了。

〔3〕黪黑色：砒霜等中毒，致全身脱水、缺氧者，皮肤可出现青紫，但现代法医学未发现急性中毒死亡骨骼变成浅青黑色的。慢性亚急性铅中毒，骨骼颜色可变成这种颜色。

〔4〕假作中毒：死后灌毒进口，不会被吸收入血，不会损害全身。

〔5〕蛊毒：有毒昆虫毒素作用。有的可引起腹胀（如河豚毒），有的可致全身缺氧，皮肤青紫；斑蝥（鞘翅昆虫）毒素中毒，呕吐、腹泻，泻物带血。皮肤接触处出现水泡，溃烂。

〔6〕鼠莽草：草纲，又叫莽草，有毒植物。其毒素有溶血作用，中毒后全身有出血现象，口鼻孔可以有血水流出。

〔7〕金石药物：泛指各种矿物质类药物，如丹砂之类。

〔8〕砒霜：即三氧化二砷（As_2O_3），又名信石，杂质多的为淡红色，叫红砒；纯品白色，叫白砒。剧毒，0.2克即可致成人死亡。砒霜口服会引起剧烈呕吐腹泻、虚脱、全身缺氧，皮肤干燥，也可使神经麻痹。一般口服后数小时内死亡，也有的经过较长时间才死。

〔9〕野葛：又称断肠草、胡蔓草、火把花、钩吻，多年生蔓藤，有毒成分为钩吻碱。剧毒，成人服4克叶或嫩叶4片即可致命。中毒时喉干、声哑、呼吸困难、复视、全身缺氧，皮肤可以有出血点。

〔10〕一伏时：指一昼夜（24小时）。

〔11〕金蚕：又称食棉蚕，毒虫，躯壳磨粉可制成毒末。

〔12〕菌蕈：蕈、菇。真菌芽包繁殖生长而成。无毒蕈如蘑菇、香菇等。有毒蕈种类很多，如伞蕈（毒伞、白毒伞、毒鹅膏）毒性很大，吃后呕吐腹泻，神经麻痹，溶血等。一个重一两的白毒伞就可使人致死。

〔13〕指酒精中毒。根据程度不同，可有兴奋期、共济失调（走路摇摇晃晃）期、昏睡期、麻痹期，主要症状是神经及精神方面的异常，腹泻的较少。

〔14〕银钗遇硫化物、硝化物等能起反应，生青黑色化物，如硫化银，

古代用银钗作尸体试毒。尸体腐败产生硫化氢，直肠、粪便本来就有硫化氢，银钗接触片刻，会产生青黑色的硫化银。下文所述用酒醋热敷腹部，逼气上行或下行，这时银钗在喉腔或肛门接触的正是被压出来的硫化氢。

〔15〕铜钗：原理同银钗。

〔16〕这种验毒方法不科学。热敷尸体，加速腐败。硫化氢等尸臭物质产生更快。

〔17〕胡蔓草：即野葛，浸汁一小滴入口，就会百窍流血，言过其实，胡蔓草中毒有皮下出血小点症状，不是全身到处流血，一滴浸汁，毒性也有限。广南，当指岭南地区，即今广东广西地区。阿魏：植物名，多年生草本，产伊朗、阿富汗、印度等地，其根茎断后流出的汁液干结成块，为阿魏药材，能解毒。

【译文】

凡是服毒死的，尸体的口眼大多张开，脸面呈青黑色或青色，嘴唇紫黑，手脚的指甲都是青黑色，有的尸体口、眼、耳、鼻有血水流出。

中毒严重的，全身发黑肿胀；脸面为青黑色；嘴唇翻卷起疮；舌头内缩或开裂，肿烂后稍微伸出；嘴唇也会肿烂或开裂；指甲尖发黑；喉部、腹部肿胀，呈黑色、起疮；身上或有青斑；眼球突出；口、鼻、眼内流出紫黑色血液；胡须、头发浮乱，不能梳洗；临死前必定呕吐出脏东西或泻下黑血，肛门浮肿突出，有的人大肠头也脱出。

有的人空腹服毒，只是腹部发青肿胀，而嘴唇、指甲不发青；也有的人吃饱后服毒，只有嘴唇、指甲发青而腹部不发青；又有肠胃虚弱久病的人，稍微服一点点毒药就死亡，而腹部、嘴唇、指甲都不发青。[在检验时，对这些情况]应该参照其他旁证验定。

生前中毒的，尸体全身呈青黑色，即使经隔多天，只要皮肉尚存，仍呈青黑色。如果间隔时间太久，皮肉会腐烂到露出了骨头，这骨头是浅青黑色的。

人死后再将毒药灌进他的口中伪装中毒死亡的，皮肉与骨头仅呈现黄白色。

凡是服毒死亡的，有的人当时就发作，有的一天之内才发作，如果毒性慢，也有隔一天或两天后才发作的。[发作时]有的人反胃呕吐，甚至不能止歇。[检验这类尸体]还应该在死者衣服中寻找吃剩下的毒药，以及在死者坐卧的地方寻找药物和服药用的器皿之类的东西。

中虫毒的，全身上下、头脸、胸前都呈深青黑色，肚腹肿胀，或者口中吐血，或者肛门泻血。

中鼠莽草毒的江南有这种草，也类似中虫毒的症状，只是再加上嘴唇开裂，齿龈青黑色。中此毒的要经过一天一夜才出现九窍流血的症状。

吃植物果实、金石药物中毒死的，尸体上下有的有一、两处红肿，有类似拳头打击的伤痕，有的形成大片的青黑色，指甲发黑，身上毛孔微有血出，有的腹部肿胀，有的肛门泻血。

中酒毒的，腹部肿胀，有的吐血、泻血。

中砒霜、野葛毒的，可以经过一伏时才发作，尸体全身发出青黑色的小疮，眼睛突出，舌头上生出小刺疮并裂开，嘴唇破裂，两耳肿大，腹部膨胀，肛门肿胀突出，十指甲青黑。

中金蚕蛊毒死的，尸体瘦弱，全身呈黄白色，眼睛塌陷，牙齿露出，上下嘴唇收缩，腹肚塌凹，用银钗检验，呈黄浪色。银钗上的黄浪色，就是用皂角水也擦洗不掉。又一种说法是这样：只是身体肿胀，皮肉如滚水烫伤一样起了很多水疮，逐渐化为脓水，舌头、嘴唇、鼻子全都破裂，这就是中金蚕蛊毒的症状。

尸体手脚指甲及身上呈青黑色，口腔、鼻孔中一般都有血水流出，皮肉大多开裂，舌头与肛门都突露在外面，这就是中药毒、菌蕈毒的症状。

如果死者吐泻瘦弱，皮肤微黑不破裂，口腔中没血，肛门不突出，是喝酒过度的症状。

如果检验［疑为］服毒死亡的尸体，将用皂角水揩洗过的银钗，伸进死者的咽喉中，再用纸密封住嘴巴，隔较长的时间取出。此时银钗呈青黑色，再用皂角水将银钗揩洗一遍，如确是中毒，银钗上的青黑色揩洗不掉；如不是中毒，银钗青黑色褪去，变得又鲜白了。

如果是服毒、中毒死的人，生前吃的食物已把毒物压到肠胃里去了，银钗探入咽喉，试验不出中毒症状，这就要将银钗塞入肛门中试验，银钗上的青黑色就可呈现出来。

凡检验被毒死的尸体，其中有的服毒已久，毒素蕴藏积聚在体内深处，银钗试验不出的，应先用银钗或铜钗伸入死者的咽喉中，然后再用热糟、热醋从下腹开始敷洗，逐渐向上，使热气透入尸腹，毒气便被熏蒸上来，银钗上才会显现出黑色来。如果开始就用热糟、热醋从上而下敷洗，那么热气便会逼迫毒气向下行，咽喉中的银钗就再也不能显现出黑色。或者在尸体肛门中用银钗试探，那么用糟醋敷洗的方向就应该自上而下。

又一种方法：用大米或黏米三升煮成饭。用纯糯米一升淘洗好，用布包起来，放到所烧的饭上蒸熟。取鸡蛋一个鸭蛋也可以打破，将蛋清在糯米饭里拌匀，仍旧像原来一样包好，放在原来的大米或黏米饭上面。然后用三个指头将糯米饭捏成鸭蛋一般大小的饭团，迅速掰开尸者的嘴巴，趁热放在牙齿外面，再用小纸片三、五张，搭盖住尸体的口、耳、鼻、肛门和阴户等部位。还要用新棉絮三、五条，浓醇的醋三、五升：以大火将醋煎几滚，把棉絮放入醋锅内煮半个时辰，取出；仍用酒糟四周拥敷尸体，并拿棉絮覆盖。如果死者是生前被毒的，尸体就肿胀，口内有黑臭的脏液喷到棉絮上，使人不能靠近，然后拿去棉絮。糯米饭被臭脏液汁沾染后，也变为黑色而臭不可闻。这是被毒药毒死的症状；如果没有这些症状，就不是被毒药毒死的。用来试验是否中毒的，糯米饭要装封好，申报官府的时候，要在报告上详细写清楚。这种检验方法，曾经过大理寺审定认可。

广南人稍有争斗，就怀恨而诬赖对方，自服胡蔓草。胡蔓草又名叫断肠草，形状像阿魏，叶长而尖，枝条蔓生，服了三张叶子以上的即死。枯干的、或收藏日久的胡蔓草，研作粉末吃了也死。如果是刚吃胡蔓草不久，拿大粪汁给中毒的人灌下，可以解毒。这种草，当人走近它时，叶子就会摆动。拿它的嫩叶心浸泡的水，只要一小点滴入口中就会百孔流血。解救中胡蔓草毒的方法：马上取来抱孵而没孵化出来的蛋中鸡儿研细，用麻油拌和，掰开中毒人的口灌下去，于是尽吐出脏臭液汁而苏醒过来，如果稍微迟缓，就无法救了。

二九 病 死

凡因病死者，形体羸瘦，肉色痿黄，口眼多合，腹肚低陷，两眼通黄，两拳微握，发髻解脱，身上或有新旧针灸瘢痕，余无他故，即是因病死。

凡病患求乞在路死者，形体瘦劣，肉色痿黄，口眼合，两手微握，口齿焦黄，唇不着齿。

邪魔中风卒死，尸多肥，肉色微黄，口眼合，头髻紧，口内有涎沫，遍身无他故。

卒死[1]，肌肉不陷，口鼻内有涎沫，面色紫赤。盖其人未死时，涎壅于上，气不宣通，故面色及口鼻如此[2]。

卒中[3]死，眼开睛白，口齿开，牙关紧，间有口眼㖞斜，并口两角、鼻内涎沫流出，手脚拳曲。

中暗风[4]，尸必肥，肉多滉白色，口眼皆闭，涎唾流溢。卒死于邪祟，其尸不在于肥瘦，两手皆握，手足爪甲多青。或暗风如发惊搐死者，口眼多㖞斜，手足必拳缩，臂腿手足细小，涎沫亦流。以上三项大略相似，更须检时仔细分别。

伤寒死，遍身紫赤色，口眼开，有紫汗流，唇亦微绽，手不握拳[5]。

时气死者，眼闭口开，遍身黄色，（量）［略］有薄皮起，手足俱伸[6]。

中暑死，多在五、六、七月，眼合，舌与粪门俱不出，面黄白色[7]。

冻死者，面色痿黄，口内有涎沫，牙齿硬，身直，两手紧抱胸前，兼衣服单薄。检时，用酒、醋洗，得少热气，则两腮红，面如芙蓉色，口有涎沫出，其涎不粘。此则冻死证[8]。

饥饿死者，浑身黑瘦、硬直，眼闭口开，牙关紧禁，手脚俱伸[9]。

或疾病死，值春、夏、秋初，申得迟，经隔两三日，肚上脐下，两胁肋骨缝，有微青色[10]。此是病人死后，经日变动，腹内秽污发作，攻注皮肤，致有此色。不是生前有他故，切宜仔细。

凡验病死之人，才至检所，先问原申人：其身死人来自何处？几时到来？几时得病？曾与不曾申官，取责口词？有无人识认？如收得口词，即须问：原患是何疾病？年多少？病得几日方申官，取问口词？既得口词之后，几日身死？如无口词，则问：如何取口词不得？若是奴婢，则须先讨契书看，问：有无亲戚？患是何病？曾请是何医人？吃甚药？曾与不曾申官取口词？如无，则问不责口词因依，然后对众证定。如别无他故，只取众定验状，称说："遍身黄色，骨瘦，委是生前因患是何疾致死。"仍取医人定验疾色状一纸。如委的众证因病身死分明，原初虽不曾取责口词，但不是非理致死，不须牒请复验。

【注释】

〔1〕卒死：突然发病而死，现代法医学称猝死。体内有病，受冷、热、情绪突变、暴饮暴食、劳累、轻微外力作用等某种诱因作用，疾病突发而迅速死亡，叫猝死。若死前心力衰竭，肺严重淤血水肿，各级气管有多量泡沫，死后可被压出，口腔、口角可有泡沫。否则，口中无此征象。

〔2〕临死时呼吸衰竭，痰液不能排出，可堵塞喉腔，急救时要快速吸痰。心力衰竭、肺水肿的病人为常见。

〔3〕卒中：中风，泛指突然昏倒、口眼歪斜、言语困难或半身不遂等病症，外感风邪的病症。现代医学指脑溢血。颅内血管破裂出血，致颅内压增高，脑神经受压迫，出现麻痹症状，轻则出现如半身瘫痪，面神经障碍等症状，重则死亡。

〔4〕中暗风：即中风，从叙述的症状及“必肥胖”看，似指脑血管栓塞或破裂出血致死。

〔5〕伤寒：古代伤寒之称泛指风寒风热等一类疾病。现代医学的伤寒是伤寒杆菌引起的传染病。肠道发炎，全身高热不退，皮肤出现玫瑰疹（蔷薇疹），同时出汗。这里可能把两种症状混在一起，看成紫色汗。

〔6〕时气：指时疫，如鼠疫、霍乱等古代较常见的瘟疫。从皮肤黄、薄皮浮起的描述看，可能指霍乱。

〔7〕中暑：人处于高温环境，体热扩散障碍，体温居高不下或大量出汗致电解质平衡失调，均可产生中暑。重型的可致死亡。面部一般无特殊颜色，呈黄白或青紫色。五、六、七月份，是指农历，公历为六、七、八月份。

〔8〕冻死：人处低温环境，以致产热与散热平衡失调，体温降至30℃就出现严重冷麻痹症状，降至27℃就会死亡。书中描述的症状不确切，两手抱胸者并不多。有的冻死者无特殊姿态，有的在临死前幻觉周身灼热，因而把衣服脱光。流涕现象是受冻初时的现象，严重冻害后，一般无流涕征象。冻死者周身肌肉、肺、血液鲜红，尸斑鲜红色。芙蓉花：即木芙蓉，锦葵科，落叶灌木，秋季开花，淡红色，也有白色，为著名观赏植物。此喻尸面淡红如芙蓉。

〔9〕饥饿死：清瘦、脱水，尸体僵硬程度差，口、眼、手、脚都没有特殊姿态。

〔10〕微青色：指腐败绿斑。腐败气体硫化氢与已分解的血红蛋白成分结合成硫化血红蛋白、硫化铁，呈污绿色。一般先出现于右下或左下腹

部皮肤。易被误认为皮下青紫淤血。

【译文】

凡是因病死亡的人，尸体瘦弱，皮色枯黄，口眼大多闭合，肚腹低陷，眼白发黄，两手半握拳，发髻散开，有的人身体皮肤有新旧针灸瘢痕，除此以外没有其他征象的，就是由于生病而死亡的。

凡是因生病死在路边的叫花子，他的尸体都很瘦弱，皮色枯黄，口眼闭合，两手半握拳，牙齿焦黄，嘴唇不贴着牙齿。

因受风寒、风热而暴病死亡的，尸体大多肥胖，皮色微黄，口眼闭合，发髻紧齐，口中有涎沫，全身找不到其他死亡征象。

突然死亡的，尸体肌肉不下陷，口、鼻内有涎沫，面色紫红。因为死者没死时，痰涎壅塞在气管上部，呼吸不能畅通，所以面色及口腔、鼻孔中有这样的现象。

突然中风死亡的，尸体眼睛睁开、眼球翻白，唇开齿露，牙齿咬紧，其中有的人嘴巴眼睛歪斜，同时嘴巴两边角、鼻孔中有涎沫流出，手脚拳曲。

中暗风死亡的，尸体必定肥胖，皮肤大多像被水浸泡过似的发白，口眼皆闭，口中涎唾流溢。因感邪气而突然死亡的，尸体不在于肥瘦，两手都握拳，手脚指甲一般都是青色。有的中暗风象受惊恐怖痉挛死的，口眼大多歪斜，手足必然拳缩，四肢细小，涎沫也从口中流出。以上三类死亡情形大略相似，必须在检验时仔细分别。

患伤寒病死亡的，尸体全身为紫红色，口眼张开，有紫色汗液流出，嘴唇也略开，手不握拳。

患时疫死亡的，尸体眼闭口开，全身皮肤色黄，微微有薄皮浮起，手脚都伸直。

中暑死亡的，大多发生在五、六、七等月份中，尸体两眼闭合，舌头与肛门都不突出，面孔为黄白色。

冻死的，尸体面色枯黄，口中有涎沫，牙关紧闭，身体挺直，两手紧抱在胸前，而且死者衣服单薄。检验时，用酒、醋洗尸得到少许热气，尸首两腮就发红，面孔像芙蓉花的颜色。口中有涎沫流出，但涎沫不粘。这就是冻死的征象。

饥饿而死的，尸体浑身黑瘦，僵硬挺直，眼闭口开，牙关紧闭，手脚都伸开。

有一种患疾病死亡的尸体，时间正值春、夏季及秋季之初，因为申报的迟误，隔了两三天才去检验，尸体的肚皮上、肚脐下、两胁肋的骨缝里已呈淡青色。这是尸体在经过几天后发生了变化，腹内污秽之气发作，影响到皮肤，从而有这种颜色。不是因为生前曾有其他缘故，务必仔细辨别检验。

凡检验因病死亡的尸体，一到检验现场，先要讯问原报案人，死者来自什么地方？什么时间到此？什么时候生病？有否申报官府录取口头陈述？有没有人认识？如已收缴到口词，就必须讯问：死者原来患的是什么疾病？年龄多少？病了几天才报官，并经讯问录取口头陈述的？取得口头陈述之后，又过了几天才死亡的？如果没有口头陈述，就要讯问：为什么没有取得口头陈述？如果是奴婢，先要讨取契约文书验看，并讯问：有没有亲戚？患的是什么病？曾经请哪个医生医治？吃的是什么药？有没有报官录取口头陈述？如果没有，就要问不录取口头陈述的原因。然后，对着众证人验定。如果没有另外缘故，那就只要根据众人的证明填写检验报告，并写上："尸体遍身黄色，骨瘦，确是生前因患某种疾病致死。"就行了，但还要取得医生疾病诊断书一张。如果确是众人证明死者因病死亡很清楚的，当初虽然没有录取口头陈述，但不是非正常死亡，就无须发公文请官复验。

三十　针 灸 死〔1〕

须勾〔2〕医人验针灸处，是与不是穴道，虽无意致杀，亦须说显是针灸杀，亦可科医“不应为罪”〔3〕。

【注释】

〔1〕针灸死：针灸刺激过强致休克、刺到脑生命中枢，或刺破肺膜引起气胸、血胸等，致死的例子现在仍有发生。

〔2〕勾：官衙发出拘票传唤人，亦称“拘提”。

〔3〕不应为罪：罪名，即“不应得为而为之者（不应该做而强行去做的）。”当时，犯有此罪的人，处以用竹板、荆条打四十下的刑罚，情节严重的杖八十。

【译文】

凡是检验因针灸而死亡的尸体，应该拘传施治医生到尸场，检验针灸部位是不是穴道，虽然是无意致死，也应明确说是针灸致死，也可判处医生犯“不应为罪”。

三一 劄口词

凡抄劄口词，恐非正身，或以它人伪作病状，代其饰说。一时不可辨认，合于所判状内云："日后或死亡申官，从条检验。"庶使豪强之家，预知所警。

【译文】

凡是录取病危者的口头陈述，恐怕有时不是本人在亲述，而是让别人伪装病状来述说，代人掩饰说假话。对于这种情况一时不能辨认清楚，应在判决书上写上："以后有人可能［在病危者］死亡后报官，请按照有关条令规定检验。"这样也许能够使豪门大户预先知道有所警忌，［不致肆无忌惮地弄虚作假，陷害他人］。

卷之五

三二　验罪囚死

凡验诸处狱内非理致死囚人，须当径申提刑司[1]，即时入发递铺[2]。

【注释】

〔1〕提刑司：即“提点刑狱司”。详见《条令》篇注释〔24〕。

〔2〕递铺：邮传站。顾炎武《日知录·驿传》：“今时十里一铺，设卒以递公文。”

【译文】

凡是检验各处监狱中非正常死亡的囚犯，检验报告应当直接报送提刑司，要立即交递铺送发。

三三　受杖死

定所受杖处疮痕阔狭，看阴囊及妇人阴门，并两胁肋、腰、小腹等处，有无血荫痕。

小杖痕，左边横长三寸，阔二寸五分；右边横长三寸五分，阔三寸。各深三分。

大杖痕，左右[1]各方圆三寸至三寸五分，各深三分，各有脓水，兼疮周回亦有脓水，淹浸皮肉溃烂去处。

背上杖疮，横长五寸，阔三寸，深五分。如日浅时，宜说：兼疮周回有毒气攻注，青赤、皯皮、紧硬去处。如日数多时，宜说：兼疮周回亦有脓水，淹浸皮肉溃烂去处，将养不较，致命身死。

又有讯腿杖，而荆杖侵及外肾而死者[2]，尤须细验。

【注释】

〔1〕左右：不详所指部位。上文小杖打的部位，所说“左边”“右边”也不详。

〔2〕外肾：阴囊。指打伤阴囊致死。阴囊有较敏感的感觉神经，被打伤时可有反射性休克，偶尔可致死。

【译文】

凡检验受刑杖而死亡的尸体，要检验出所受杖刑部位、创痕长短、宽狭的尺寸，验看男尸的阴囊和女尸的阴门，以及尸体的两胁肋、腰、小腹等部位有无血荫痕。

小杖打的伤痕，左边横长三寸，阔二寸五分；右边横长三寸五分，阔三寸。各深三分。

大杖打的伤痕，左右两边长阔都是三寸至三寸五分，深三分。创痕上都有脓水，创痕周围也有脓水，浸润着皮肉溃烂的地方。

背部被杖打的创痕，横长五寸，阔三寸，深五分。如果受杖的时间不久，验尸报告上应写明：创痕周围有毒气攻注，并有呈现青红色、脱皮、发硬的部位。如果被打后间隔天数多的，验尸报告上应写明：创痕周围也有脓水，浸润着皮肉溃烂的地方，因调治不好而致命身死。

又有审讯时用杖打腿，用荆杖打伤了阴囊而致死的，对这种尸体，特别须要仔细检验。

三四　跌　死〔1〕

凡从树及屋临高跌死者，看枝柯挂掰所在，并屋高低，失脚处踪迹，或土痕高下，及要害处须有抵隐或物擦磕痕瘢。若内损致命痕者，口、眼、耳、鼻内定有血出；若伤重分明，更当仔细验之，仍量扑落处高低丈尺。

【注释】

〔1〕跌死：指从高处坠落致死。人体从较高处坠落，动能大，碰撞时间短，组织受到的冲力很大，高坠伤往往是多发性闭合伤，且多为体表伤较轻，体内伤较重，即外轻内重。如果死亡，其原因一般是内脏严重震荡伤或破裂或大出血，致生命功能衰竭。如果有颅底骨折，前窝、中窝有出血，口眼耳鼻可有血液流出。肺或胃出血，可有血液咳出或吐出。本节所述体内有伤致命，口鼻眼耳必有血流出的说法，不全面。

【译文】

凡是从树和屋顶之上等高处摔下跌死的，要查看枝干掰折挂绊在什么地方以及屋顶的高低，失脚地方的痕迹，或尘土痕迹的高低，以及死者身上的要害部位应有的隐伤，或者被其他物件擦破碰伤的斑痕。如果是身体内部有致命伤痕的，口、眼、耳、鼻内必定有血液流出；如果伤势较重的情况很明显，更应当仔细检验。但是仍旧要丈量出跌落地方的高低尺寸。

三五　塌压死[1]

凡被塌压死者，两（腿）[眼]脱出，舌亦出，两手微握，遍身死血淤紫黯色，或鼻有血，或清水出。伤处有血荫赤肿，皮破处四畔赤肿；或骨并筋皮断折。须压着要害致命，如不压着要害不致死。死后压即无此状。

凡检舍屋及墙倒石头脱落压着身死人，其尸沿身虚怯要害去处，若有痕损，须说长阔分寸，作坚硬物压痕，仍看骨损与不损。若树木压死，要见得所倒树木斜伤着痕损分寸。

【注释】

〔1〕塌压死：重物压迫致人身重要脏器或全身多位性严重损伤，压迫胸腹部或口鼻、颈部，致呼吸障碍，都可致死。本节所述征象并非塌压死常见的，也无特异性的征象。如红肿、血荫，可因身体大面积受压、死亡迅速而不出现。又如两眼突出亦只有躯干被重压，面部未压，才可能会出现。

【译文】

凡是被倒塌的重物压死的，尸体两眼突出，舌头也伸出，两手微握拳，全身淤血凝积而呈紫黑色，有的鼻孔有血或有清水流出。压伤的部位红肿而有血荫，皮肤损破的地方四周红肿，有的骨头和筋腱、皮肉皆断裂。人体必须被压在要害部位，才能致死；如果没压在要害部位，不会致死。死后被压的就没有上述这些症状。

凡是检验由于房屋和墙头倒塌、石头脱落而压死的人，其尸体周身虚软要害的部位如果有伤痕，在验尸报告上要写明压痕的长宽尺寸。如果是被坚硬的物件压的伤痕，还要验看骨头有没有断裂。如果是树木压死的，要验出那倒下的树木压着的伤痕的尺寸。

三六　压塞口鼻死

凡被人以衣服或湿纸搭口鼻死，则腹干胀[1]。

若被人以外物压塞口鼻，出气不得后命绝死者，眼开睛突，口鼻内流出清血水，满面血荫[2]赤黑色，粪门突出，及便溺污坏衣服。

【注释】

〔1〕干胀：此说不确。口鼻外孔被压或捂闷，呼吸障碍窒息而死，腹部无干胀现象。

〔2〕满面血荫：口鼻腔被堵塞窒息死者，面部淤血，呈青紫色，眼结合膜、面部皮肤可有出血小点。满面血荫的说法不确切。大小便失禁，并非堵塞口鼻致死特有征象，各种窒息死，其他原因致死，均有可能出现此征象。

【译文】

凡被人用衣服或湿纸搭在嘴巴、鼻子上闷死的，尸体的腹部就会出现干胀现象。

如果是被人用其他物件压塞住嘴巴、鼻孔，不能呼吸而闷死的，尸体的眼睛张开，眼球突出，口、鼻内流出清血水，满面孔都有血荫，呈红黑色，肛门脱出，大、小便排泄出而污脏了裤子。

三七　硬物癮痁[1]死

凡被外物癮痁死者，肋后有癮痁着紫赤肿，方圆三寸、四寸以来，皮不破，用手揣捏得筋骨伤损，此最为虚怯要害致命去处[2]。

【注释】

〔1〕癮痁（diǎn）：癮同瘾，皮外的小疱，此处意为凸起。痁，“踮”的通假字，垫衬的意思。

〔2〕这里指背部被硬物顶压。压面及压力较大的话，易引起胸廓变形，肋骨断裂，刺破肺膜引起气血胸，或肺、心脏挤压伤，这些伤均可致命。

【译文】

凡是被坚硬的物件顶衬而致死的，尸体肋后有被顶衬着的紫红肿块，肿块面积方圆三、四寸以上，皮不破，用手揣捏，可捏到筋骨有损伤，这是最为虚弱要害致命的部位。

三八　牛马踏死

凡被马踏死者，尸色微黄，两手散，头发不慢，口鼻中多有血出，痕黑色。被踏要害处便死，骨折，肠脏出[1]；若只筑倒，或踏不着要害处，即有皮破瘾赤黑痕，不致死。驴足痕小。

牛角触者，若皮不破，伤亦赤肿。触着处多在心头、胸前，或在小腹、胁肋，亦不可拘。

【注释】

〔1〕肠脏出：被牛马踏死者以内伤为主，若腹壁未破裂，肚肠等脏器不会冒出。若腹部较大面积受强力挤压，可出现会阴部撕裂伤，内脏被挤出。被撞倒可形成严重损伤致死。因人被撞即产生加速运动，倒地时的碰撞力很大，如躯干着地，可出现内脏破裂或震荡伤，头部着地，可出现严重颅脑损伤。

【译文】

凡是被马踩踏死的，尸体肤色略黄，两手散开，头发不乱，口、鼻中多半有血液流出，踏痕呈黑色。被踩踏在要害的部位便会死亡，尸体骨头断裂，肚肠流出。如果只是被撞倒或没有踩踏在要害部位，即使皮肤破裂、有红黑色的内伤痕，也不会致死。被驴足踩踏的伤痕较小。

被牛角顶触的，如果皮肤不破，伤痕也要红肿。被顶触的部位，大多位于心口、胸前，或在小腹、胁肋，当然也并不局限在这些地方。

三九　车轮拶死

凡被车轮拶（zā）死者，其尸肉色微黄[1]，口眼开，两手微握，头髻紧。

凡车轮头拶着处，多在心头胸前，并两胁肋。要害处便死，不是要害不致死。

【注释】

〔1〕肉色微黄：车轮轧死，内脏损伤为主，若有严重内出血，可出现肤色略黄，否则，将无特殊颜色呈现。

【译文】

凡是被车轮轧压死的，尸体肤色略黄，口眼张开，两手微握拳，头髻紧束。

凡是被车轮迎面压着的部位，一般都在心口、胸前及两胁肋。压着要害的部位便会死亡，不是要害部位就不会死亡。

四十　雷 震 死〔1〕

凡被雷震死者，其尸肉色焦黄，浑身软黑，两手拳散，口开眼皱，耳后发际焦黄〔2〕，头髻披散，烧着处皮肉紧硬而挛缩，身上衣服被天火烧烂或不火烧。伤损痕迹，多在脑上及脑后，脑缝多开，鬓发如焰火烧着。从上至下，时有手掌大片浮皮紫赤〔3〕，肉不损，胸、项、背、膊上，或有似篆文痕〔4〕。

【注释】

〔1〕雷电是自然放电现象。带高电压云层（可高达一千万伏以上）对电压低的云层或地面脉冲放电，在极短时间（10微秒到若干毫秒）放出强大电流（可达数万安培），闪电弧温度高达数万或更高摄氏度，放电距离可达50米，带宽5米。闪电通道能量可达30—50个大气压，产生强大冲击波，破坏直径可达40—50米。人体若在雷电破坏范围内，可受冲击波震伤，甚至死亡。电流、高温均可造成严重伤害。

〔2〕耳后发际焦黄：这可能是偶然现象。身体某部分受电弧烧灼，或强大电流通过，电热效应，可将组织烧焦、炭化。

〔3〕从所叙述的形态看，似指电流电热作用的斑块，焦黑或紫红色，深浅不均，呈豹皮样。因雷电是击穿空气介质扩散的，触人时往往是多位性大面积的。全身可出现这种手掌大的斑痕。

〔4〕似篆文痕：指雷击花纹。强大雷电通过人体，皮下血管麻痹郁血，形成树枝样紫红色纹路。

【译文】

凡是被雷击死的，尸体肤色焦黄，全身软黑，两手散开，嘴巴张开，眼球突出，耳后发际颜色焦黄，头髻披散，被雷火烧灼的部位皮肉坚硬而紧缩，身上衣服也被烧烂。也有人衣服没有被烧。伤损痕迹一般都在头顶上及脑后部，脑缝大多开裂，鬓发像被焰火烧灼过的一般，全身上下常有手掌般大的大片紫红色浮皮，肌肉不会烧坏，胸前、颈部、后背、胳膊上有的人还有像篆文一样的烧灼痕迹。

四一 虎咬死

凡被虎咬死者，尸肉色黄，口眼多开，两手拳握，发髻散乱，粪出。伤处多不齐整，有（血）[舌]舐齿咬痕迹。

虎咬人，多咬头项上，身上有爪痕掰损痕。伤处成窟，或见骨，心头、胸前、臂腿上有伤处。地上有虎迹，勒画匠画出虎迹，并勒村甲及伤人处邻人供责为证。一云[(1)]：虎咬人，月初咬头项，月中咬腹背，月尽咬两脚。猫儿咬鼠亦然。

【注释】

〔1〕一云：以下所述传闻，内容纯为误说。吃肉动物虎、狼、豹等咬人一般都是咬颈部。咬什么部位不可能与日历发生联系。

【译文】

凡是被老虎咬死的人，尸体肤色发黄，口、眼大多张开，两手握拳，发髻散乱，粪便排出，咬伤的地方一般都不齐整，有虎舌舐刮、虎牙撕咬的痕迹。

老虎咬人，一般都咬在头部、颈项上，死者身上有爪印、抓伤痕迹。受伤的地方成为窟窿，有的露出骨头，心口、胸前、手臂、腿上都有咬伤的地方。地上有老虎的足迹，检验时要勒令画匠画出虎足印，并责令村里保甲长及尸体现场的邻人负责陈述作证。一说：老虎咬人，月初咬头、颈，月中咬腹、背，月底咬两脚。猫咬老鼠也是这样。

四二　蛇虫伤死

凡被蛇虫伤致死者，其被伤处微有啮损黑痕，四畔青肿，有青黄水流，毒气灌注四肢，身体光肿，面黑[1]。如检此状，即须定作毒气灌着甚处致死。

【注释】

〔1〕面黑：毒蛇咬伤部位，由于毒性作用，造成循环障碍、肿胀，组织坏死，呈紫黑色。全身可有溶血、神经麻痹，心力衰竭。咬伤的部位若不是面部，一般面色不发黑。

【译文】

凡是被毒蛇、毒虫咬伤致死的，尸体被咬伤的地方有不很明显的咬伤黑痕，伤痕四周浮肿发青，有青黄色的汁水流出，如果毒气侵注到四肢，全身便会虚肿而光亮，面色发黑。如果检验到这些症状，就应该验定为［毒蛇、毒虫咬伤］毒气侵入到某个部位而致死的。

四三　酒食醉饱死

凡验酒食醉饱致死者，先集会首等，对众勒仵作行人用醋汤洗检。在身如无痕损，以手拍死人肚皮膨胀而响者，如此即是因酒食醉饱过度，腹胀心肺致死[1]。仍取本家亲的骨肉供状，述：死人生前常吃酒多少致醉，及取会首等状，今来吃酒多少数目，以验致死因依。

【注释】

〔1〕食物过饱，胃过度充盈，顶压横膈，胸腔上下径变短，呼吸困难，或诱发心脏病发作，严重者可致死。有的可诱发其他疾病（如胰腺炎、脑血管意外）致死。如果是酒醉致死，则是酒精中毒，呼吸中枢麻痹而死亡。

【译文】

凡是检验酒食醉饱而死亡的尸体，应先传齐会饮的主人及参与者到场，当众令检验人员用醋、热水洗尸检验。尸体上如果没有伤痕，就用手拍死人的肚皮，膨胀而有响声的，就是由于酒食醉饱过度，引起腹胀压迫心肺而致死的。还要录取死者亲属供述，说明死人生前一般喝多少酒便会致醉，以及取会饮的主人及参与者的供述，讲清这次喝酒多少数量，据以验明致死的原因。

四四　筑踏内损死[1]

凡人吃酒食至饱，被筑踏内损，亦可致死。其状甚难明，其尸外别无他故，唯口、鼻、粪门有饮食并粪，带血流出。遇此形状，须仔细体究，曾与人交争，因而筑踏。见人照证分明，方可定死状。

【注释】

〔1〕饮食过饱，胃极度扩张，壁薄，受较重的外力冲击、震荡，可发生破裂，腹膜受刺激发生休克；胃内容物挤出食道、咽喉部，倒吸堵住呼吸道；或腹膜炎、大出血等，均可致死。

【译文】

凡是人酒食过饱，被撞踏而使内脏损伤的，也能致死。这样死的，仅从症状上很难验明，尸体外表别无其他伤痕，只有口、鼻有食物，肛门有带血粪便流出。遇到这种情况，应仔细调查研究，死者生前是否与他人争斗过，因而被撞踏的。还要与证人对证清楚，才可验定死因，填入尸体检验报告。

四五　男子作过死

凡男子作过太多，精气耗尽[1]，脱死于妇人身上者，真伪不可不察。真则阳不衰[2]，伪者则痿。

【注释】

〔1〕精气耗尽：按现代医学观点，性生活不可能出现精气耗尽而死，夫妇性生活时，男的或女的发生突然死亡是有的，主要原因是高度兴奋，诱发其他疾病突发，如冠心病发作等，因而猝死。个别女的初次性生活，发生反射性休克致死。

〔2〕男人房事过劳死后阴茎仍呈勃起状态的说法不符合科学。只有个别人因阴茎血管痉挛，充血的海绵体血管不能回复，阴茎在一定时间里仍有一定硬度。

【译文】

凡男子房事过度，精气耗尽，脱阳而死在妇女身上的，真假不可不审察。真的则阴茎不衰软，假的则呈萎缩状态。

四六　遗路死[1]

或是被打死者，扛在路旁，耆正只申官作遗路死尸，须是仔细。如有痕迹，合申官，多方体访。

【注释】

〔1〕遗路死：遗路尸，路斃。指在路旁的无主尸体。

【译文】

有的尸体是被打死后，扔在路边的，耆正只报官说是倒死在路边的尸体。这种尸体应仔细检验。如果在尸身上验有伤痕，应该申报长官，多方面侦查察访。

四七　仰卧停泊赤色

凡死人项后、背上、两肋、后腰、腿内、两臂上、两腿后、两曲脉、两脚肚子上下有微赤色[1]，验是本人身死后一向仰卧停泊，血脉坠下，致有此微赤色。即不是别致他故身死[2]。

【注释】

〔1〕从本节叙述的部位看都是在仰卧时的低下部位，因此，微赤色应是尸斑。尸斑在死后1—2小时开始出现于尸体低下部位，一般为紫红色。严重贫血，大量失血者，可以淡红色，一氧化碳中毒者为鲜红色。在古代已认识到死后血液下坠聚积成尸斑，十分了不起。

〔2〕尸斑是正常的尸体征象，不是死亡的原因，这观点很科学。当然，尸斑的特殊颜色，如鲜红色、灰褐色，可提示死亡原因的范围。

【译文】

凡是死人的项后、背上、两肋、后腰、腿内、两臂上、两腿后、两腿弯、两腿肚上下有淡红色的，经检验乃是死者死后一直仰卧停放，血液下坠凝聚，以至出现这种淡红色的尸斑。因此可以确认不是另有其他原因致死的。

四八　虫鼠犬伤尸

凡人死后被虫鼠伤，即皮破无血[1]，破处周围有虫鼠啮痕踪迹，有皮肉不齐去处。若狗咬则痕迹粗大。

【注释】

〔1〕此说不完全，人死后，如果老鼠咬伤尸体低下部位皮肤，也可能有血水流出，但不凝固。

【译文】

凡是人死后被虫、鼠等咬伤的，尸体上只是皮破而没有血液流出，被咬破的部位周围有虫、鼠啮咬的痕迹，它的征象是皮肉不平正。如果是被狗咬的，齿痕较粗大。

四九　发　冢

验是甚向，坟围长阔多少，被贼人开锄，坟土狼藉，锹锄开深尺寸，见板或开棺见尸。勒所报人具出：死人原装着衣服物色，有甚不见，被贼人偷去。

【译文】

凡是检验被掘盗的坟墓，要验看坟墓坐落在什么方向位置，周围长宽多少。被盗墓人掘开的坟墓，坟土狼藉，要验看掘开的深度有多少（量出尺寸），是仅见到棺材板还是已打开棺材见到尸体？还要让报案人一一具体报告出：死人原来穿的什么衣服、装殓的什么东西，并要验看有什么衣物不见了，是否被盗墓人偷去的。

五十　验邻县尸

凡邻县有尸在山林荒僻处，经久损坏，无皮肉，本县已作病死检了，却牒邻县复。盖为他前检不明，于心未安，相攀复检。如有此类，莫若据直申：其尸见有白骨一副，手、足、头全，并无皮肉、肠胃。验是死经多日，即不见得因何致死。所有尸骨未敢给付埋殡，申所属施行。不可被公人绐作无凭检验。

凡被牒往他县复检者，先具承牒时辰、起离前去事状，申所属官司。值夜止宿。及到地头，次第取责干连人罪状，致死今经几日，方行检验。如经停日久，委的皮肉坏烂，不任看验者，即具仵作行人等众状，称：尸首头、项、口、眼、耳、鼻、咽喉上下至心胸、肚脐、小腹、手脚等，并遍身上下尸胀臭烂，蛆虫往来咂食，不任检验。如稍可验，即先用水洗去浮蛆虫，仔细依理检验。

【译文】

凡是邻县有尸体发现在山林荒僻的地方，经隔日久，已经腐烂，皮肉无存，所在县已作检验，定作病死，然后发公文到他县请官复验的，是因为他们初验没验清楚，于心不安，所以要求邻县复验。遇到这种情况，不如从实申报：该尸现在只有白骨一副，手、脚、头等骸骨齐全，皮肉、肠胃都无，检验时已死后多日，无法验出致死原因。所有尸骨不敢交付埋葬，特报所属上司指示执行。遇有这种情况，不要被手下办事人员欺骗，仅作为“无从检验”对待。

凡是受到公文约请被派往他县担任复验的官员，先要将接到公文的时间，起程前去的情况等，申报所属上司衙门。途中遇夜须住宿。待赶到现场后，应依次讯问录取案件各关系人的罪状，问清死者死亡至后已隔了几天才进行检验的。如果尸体已经停放很久，确是皮肉烂坏无法验看，就要让检验人员等共同具状，说明：尸体头、项、口、眼、耳、鼻、咽喉上下到心胸、肚脐、小腹、手脚等部位，以及全身上下，膨胀臭烂，蛆虫往来咂食，已经无法检验。如果勉强能检验的尸体，就先用水冲洗去浮在尸体上面的蛆虫，按常规仔细检验。

五一　辟秽方〔1〕

〔三神汤〕　能辟死气

苍术二两，米泔浸两宿，焙干。　白朮半两。　甘草半两，炙。

右为细末，每服二钱，入盐小许，点服。

〔辟秽丹〕　能辟秽气

麝香少许。　细辛半两。　甘松一两。　川芎二两。

右为细末，蜜圆如弹子大，久（窨）［窨］为妙，每用一圆烧之。

〔苏合香圆〔2〕〕　每一圆含化，尤能辟恶。

【注释】

〔1〕辟秽方：辟尸体臭气的药方。

〔2〕苏合香圆：见《救死方》篇注释〔36〕。

【译文】

【三神汤】　能驱除尸臭。

苍术二两。淘米水浸泡两夜，焙干。白朮半两。甘草半两。烤干。

以上各药合研为细末，每次服两钱，加进少量盐，分多次服用。

【辟秽丹】　能消除秽气。

麝香少量。细辛半两。甘松一两。川芎二两。

以上各药合研为细末，加上蜂蜜做成丸药，大小像弹丸，藏在地窖中，越久越好，每次用一丸，焚烧发烟。

【苏合香丸】 每次用一丸，含在口内化开，辟除恶气，效果特别好。

五二 救死方[1]

若缢，从早至夜，虽冷亦可救；从夜至早，稍难。若心下温，一日以上犹可救[2]。不得截绳，但款款抱解放卧，令一人踏其两肩，以手拔其发，常令紧，一人微微撚整喉咙，依元以手擦胸上散动之；一人磨搦臂足屈伸之。若已僵，但渐渐强屈之，又按其腹。如此一饭久，即气从口出，得呼吸。眼开，勿苦劳动，又以少官桂汤及粥饮与之，令润咽喉，更令二人以笔管吹其耳内[3]。若依此救，无有不活者。

又法：紧用手罨其口，勿令通气，两时许，气急即活[4]。

又，用皂角、细辛等分为末，如大豆许，吹两鼻孔[5]。

水溺一宿者尚可救。捣皂角以绵裹纳下部内，须臾出水即活[6]。

又，屈死人两足，着人肩上，以死人背贴生人背，担走[7]，吐出水即活。

又，先打壁泥一堵，置地上，却以死者仰卧其上，更以壁土覆之，止露口眼，自然水气翕入泥间[8]，其人遂甦。洪丞相在番阳[9]，有溺水者，身僵气绝，用此法救即甦。

又，炒热沙覆死人面[10]，上下着沙，只留出口、耳、鼻，沙冷湿又换，数易即甦。

又，醋半盏，灌鼻中[11]。

又，绵裹石灰纳下部中，水出即活[12]。

又，倒悬，以好酒灌鼻中及下部[13]。

又，倒悬解去衣，去脐中垢，令两人以笔管吹其耳[14]。

又，急解死人衣服，于脐上灸百壮[15]。

暍死于行路上，旋以刀器掘开一穴，入水捣之，却取烂浆以灌死者[16]，即活。中暍不省人事者，与冷水吃即死。但且急取灶间微热灰壅之，复以（以）稍热汤蘸手巾，熨腹胁间，良久甦醒，不宜便与冷物吃。

冻死，四肢直，口噤。有微气者，用大锅炒灰令暖，袋盛熨心上，冷即换之。候目开，以温酒及清粥稍稍与之。若不先温其心，便以火灸，则冷气与火争必死[17]。又用毡或藁荐卷之，以索系，令二人相对踏，令滚转往来如衦古旱切，摩展衣也。毡法，候四肢温即止[18]。

魇死，不得用灯火照，不得近前急唤，多杀人。但痛咬其足跟及足拇指畔[19]，及唾其面必活。

魇不省者，移动些小卧处，徐徐唤之即省。夜间魇者，原有灯即存，原无灯切不可用灯照。

又用笔管吹两耳，及取病人头发二七茎，撚作绳，刺入鼻中[20]。

又盐汤灌之。

又研韭汁半盏灌鼻中。冬用根亦得[21]。

又，灸两足大拇指聚毛中三七壮。聚毛乃脚指向上生毛处[22]。

又，皂角末，如大豆许，吹两鼻内[23]，得嚏则气通，三四日者尚可救。

中恶客忤卒死。凡卒死，或先病及睡卧间忽然而绝，皆是中恶也。用韭黄心于男左女右鼻内，刺入六七寸，令目间血出即活。视上唇内沿，有如粟米粒，以针挑破[24]。

又，用皂角或生半夏末，如大豆许，吹入两鼻[25]。

又，用羊屎烧烟熏鼻中[26]。

又，绵浸好酒半盏，手按令汁入鼻中[27]，及提其两手，勿令惊，须臾即活。

又，灸脐中百壮[28]，鼻中吹皂角末，或研韭汁灌耳中。

又，用生菖蒲研取汁一盏灌之[29]。

杀伤。凡杀伤不透膜者，乳香、没药各一皂角子大，研烂，以小便半盏、好酒半盏同煎，通口服。然后用花蕊石散，或乌贼鱼骨或龙骨为末，傅疮口上立止[30]。

推官宋瑑，定验两处杀伤，气偶未绝，亟令保甲各取葱白热锅炒熟，遍傅伤处，继而呻吟，再易葱，而伤者无痛矣。曾以语乐平知县鲍旗。及再会，鲍曰："葱白甚妙。乐平人好斗多伤，每有杀伤，公事未暇诘问，先将葱白傅伤损处，活人甚多，大辟为之减少。"出《张声道经验方》[31]。

胎动不安。凡妇人因争斗胎不安，腹内气刺痛、胀、上喘者。

川芎一两半、当归半两

右为细末，每服二钱。酒一大盏，煎六分，炒生姜少许在内，尤佳[32]。

又，用苧麻根一大把，净洗，入生姜三五片，水一大盏，煎至八分，调粥饭与服[33]。

惊怖死者，以温酒一两盃灌之，即活[34]。

五绝及堕打卒死等，但须心头温煖，虽经日亦可救。先将死人盘屈在地上，如僧打坐状，令一人将死人头发控放低，用生半夏末以竹筒或纸筒、笔管吹在鼻内。如活，却以生姜自然汁灌之，可解半夏毒。五绝者，产、魅、缢、压、溺。治法，单方半夏一味。[35]

卒暴、堕攧、筑倒及鬼魇死，若肉未冷，急以酒调苏合香圆[36]灌入口，若下喉去，可活。

【注释】

〔1〕救死方：急救方法。这里所说的死，似指昏迷（俗称昏死）、假死状态或濒死状态。按现代医学的理论，死亡指新陈代谢停止，蛋白质分解。人的呼吸、心跳停止，各种脑反射消失，称之临床死亡，这种死亡，机体各组织的新陈代谢短期内仍进行着。脑、心、肺等生命重要器官，若没有严重毁坏，还有被救活的可能性，因此又称可逆性死亡。中外医学家认为，一般情况下，临床死亡经过4—6分钟，大脑组织因缺氧而丧失功能，人的生命不可挽回，进入不可逆性死亡，各器官组织细胞相继失去生活机能。临床死亡后1—2小时，就出现尸僵、尸斑，法医学认为只要检查到尸斑、尸僵已出现，即是真正死亡无疑，可解剖尸体了。本节介绍的各种原因的死亡，如果是真正死亡，现代医学都无法起死回生，古代医学不发达，恐怕更是无能为力。所介绍的各种急救方法，有的甚有道理，有的则不可靠，令人难以置信，属民间传说，误说不少。

〔2〕说上吊自杀，从早上吊到晚上，仍能救活，不科学。缢颈（上吊）致死的原理为：压迫颈部血管，致脑缺氧，功能衰竭而死；压迫呼吸道，呼吸障碍，全身缺氧，二氧化碳蓄积，窒息而死；压迫颈部迷走神

经或颈动脉窦，反射性抑制致死；个别的颈髓拉断，呼吸心跳停止。上吊死亡均较迅速，从身体下坠（只要部分重量下坠就够）绳套压迫颈部到死亡，经过的时间一般只有3—5分钟，有的只1—2分钟。从早上吊颈到晚上，哪怕压迫颈部力量只有几公斤，也早已死亡，尸斑、尸僵已高度发展了，不可能救活的。“死者心头（心区）温热，虽已吊一天以上，仍可救活”的说法亦不可信。人死后，在一般条件下，尸体温度下降至与周围环境温度相近，需一昼夜。这时大部分器官组织都已失去活性了。

〔3〕这是利用气流刺激耳道及鼓膜。这一段叙述的刺激及人工呼吸抢救方法，可用；能否救活，决定于呼吸心跳是否停止，若已进入临床死亡，这种抢救，不会有什么效果。官桂汤：汤药名。

〔4〕这个方法不科学，即使仍有微弱的呼吸，紧掩口鼻不给通气，只能使体内窒息更严重，加速呼吸中枢麻痹及其他病理变化。因此，抢救仍有微弱呼吸的上吊人，最重要的是人工呼吸，而不是不给呼吸。

〔5〕皂角、细辛粉有刺激作用，对仍有脑反射（未进入临床死亡）的人来讲，用药粉末刺激鼻黏膜，会引起打喷嚏，加强呼吸。但对已死亡者无效。

〔6〕除非是假死状态，否则淹死一夜的人不可能救活。至于本节所述，用皂角塞肛门，这对直肠有刺激作用，利于通便，而用作溺者急救，按理则没有什么效果。

〔7〕这是对受溺呛水未死或刚死者驱除胃内、气管中液体的方法，倒水后仍应施用人工呼吸。

〔8〕这个方法对救溺水者没有作用。干泥只能吸收体表的水，不可能吸收体内所呛的水。

〔9〕番阳：地名。今江西鄱阳。洪丞相：据《宋史·宰辅表》所载，宋代姓洪的丞相，只有洪适一人。本书所说“洪丞相”，或许即指洪适。洪适（1116—1184）字景伯，番阳（今江西鄱阳县）人。乾道元年（1165）至乾道二年（1166）任右丞相。

〔10〕炒沙敷，这个方法可吸收体表及头发的水，还有热敷作用，但从急救角度看并不是可取的。

〔11〕醋有刺激作用，能使溺水者清醒，打喷嚏、通气，若人已死亡则无效。

〔12〕从用法看是生石灰，此法能吸直肠的水分，但说它有急救作用难以理解。相反，生石灰遇水发生分解，放出热可达摄氏100度以上，加上碱性作用，对人体组织破坏很大，反会造成损伤。

〔13〕酒灌入鼻，对未死亡者有刺激作用；对已死亡者，无效。

〔14〕这个方法对未死者有些作用，倒悬可倒出胃及气管的水，用力

清除肚脐眼垢的时候对神阙穴有按摩作用，而神阙穴是急救穴，吹耳有刺激作用。

〔15〕艾叶可燃，灸脐上，可刺激脐上的水分穴、下脘穴等，脐眼的神阙穴也可薰灸，有促使清醒的作用。

〔16〕中暑者发高热，灌泥浆可以有降温作用。

〔17〕对寒冻昏迷者，用热灰熨心区，有温心肺作用。

〔18〕这个办法对受冻昏迷、体温低的人来说，作用不大。衦（gǎn），意为用手把衣服的绉纹压平展。

〔19〕梦魇（yǎn），做噩梦惊厥不醒，咬脚后跟，可刺激太溪、水泉、聪海等穴位，咬拇趾旁可咬到行间穴，有刺激清醒作用。

〔20〕这方法仍在于刺激鼻黏膜打喷嚏，有促进患者清醒的作用。

〔21〕这方法似是取韭菜之辛辣刺激鼻黏膜。

〔22〕指在拇趾第一节中背部，灸此处可刺激大敦穴，使之清醒。

〔23〕作用在于刺激鼻黏膜。

〔24〕患疾病而暴死，即使因病致呼吸、心跳刚停不久，亦难救活，韭菜塞鼻不会有什么作用，男左女右更无道理。猝死者上唇齿面不应有小疮，除非口腔本来就生了疮的。

〔25〕此办法仍然仅有刺激作用。

〔26〕这是用羊粪烟的臭味刺激病人。

〔27〕酒滴入鼻内，仅具有刺激作用。

〔28〕脐眼有神阙穴，系急救虚脱的穴位，艾灸脐眼即可刺激此穴，同时刺激鼻黏膜或耳道，促其清醒。

〔29〕菖蒲：中药，多年生草本植物根茎，含芳香油，开窍剂，有开窍宁神的效用。可治神志昏迷等。

〔30〕乳香：橄榄科小乔木卞氏乳香树的树脂，理血药，治跌打损伤。没药：橄榄科没药树的树脂，理血药，治跌打损伤。乌贼鱼骨：即海螵蛸，有收敛止血作用，粉剂外用止血生肌。龙骨：远古时代哺乳动物如剑齿象、犀牛类等遗下的骨骼化石，中医入药，有镇静安神，平肝潜阳，收敛固涩作用，还有止血作用。花蕊石散：药名。配方不详。

〔31〕葱白：香辛科，菜蔬类植物，可作药用，性温味辛，能通阳发表。能抑制神经兴奋性，减少炎症刺激作用，用其敷伤，减少疼痛。乐平县：今江西乐平县。宋瑑、鲍旗：人名，身世未详。《张声道经验方》：古医方书。

〔32〕川芎：伞科多年生草本植物，根茎入药。活血行气、祛风止痛、镇静、镇痛、镇痉，与当归等合用，治血郁气，大剂量能抑制子宫平滑肌活动。

〔33〕苧麻根：草麻科多年生草本植物，根入药，性寒味甘，可治胎动下血、热病烦渴等症。

〔34〕似指精神受突然刺激休克昏迷。

〔35〕半夏：多年生草本植物，根状茎入药。有燥湿化痰、降逆止呕、消痞散结作用。

〔36〕苏合香丸：苏合香油等15味中药制成，有开窍解郁、上通气机、开窍清醒之效，用于中风、中恶、突然昏倒、痰壅气闭、心绞痛等的急救。

【译文】

如果是上吊自杀的人，假使是从早上吊到夜里，人体虽然已冷，也能救活；而由夜里吊到早上的，就较难救活。如果死者的心头温热，虽然已经吊了一天以上，仍然可以救活。抢救时，不能截断吊绳，只能抱住上吊人的身体慢慢地解开吊绳放下，使人体仰卧。叫一人踏住他的两肩，用手拉住他的头发，要一直拉紧；另一人则轻轻地用手指搓揉调整他的喉咙，并用手按圆周擦揉胸部使肺部疏通活动；又一人按摩他的臂、腿，使之屈伸，做人工呼吸。如果上吊人的身体已经僵硬，只能渐渐地使其弯曲，再按摩他人的腹部。这样经过一顿饭的时间，上吊人就会从口中呼出气来，能够呼吸了，眼睛也张开了。这时，抢救者不要怕劳苦而要继续抢救，拿少量的官桂汤和粥喂给他喝，使他滋润喉咙，还要叫两个人用笔管朝他的两个耳朵内吹气。如果按照这个办法抢救，没有救不活的。

又有一种方法：用手紧掩住上吊人的口，不要使他通气，约过两个时辰，气憋急了冲口而出，就会救活。

再有一种方法：用相同分量的皂角、细辛研成粉末，取出像黄豆大的一小撮吹进上吊人的两个鼻孔中［也能抢救］。

被水淹死经过一夜的人也能救活。抢救方法是：把皂角捣烂用棉絮包好塞进肛门内。一会儿肛门内有水流出，就活转过来。

又有一种方法：抢救者弯曲溺者的两腿扛在肩上，将背部贴着溺者的背部，倒背着行走，使溺者肚子里的水吐出来，就能复活。

再有一种方法：先把一堵土墙的干泥打碎，铺放地上，然后让溺者仰卧在这上面，再用干墙泥覆盖溺者，仅露出嘴巴、眼睛，这样，溺者全身的水气自然会被干泥吸收，溺者于是获救。洪丞相在番阳时，遇到溺水死的，身体已僵硬，呼吸也停止，用这个方法把他救活了。

另有一种方法：把沙炒热覆盖在溺者的面孔上，全身上下都拥盖着热沙，只留出口、耳、鼻，等到沙变冷变湿了，再换上热沙，更换几次，溺者就会苏醒。

又有一种方法：用醋半杯灌入溺者鼻中。

又有一种方法：用棉絮包裹石灰塞进溺者的肛门中，等溺者肚里的水泻出，就能抢救过来。

又有一种方法：把溺者倒悬着，用好酒灌入溺者鼻内和肛门中。

又有一种方法：把溺者倒悬着脱掉衣服，除去肚脐眼中的脐垢，叫两人用笔管吹溺者的两耳孔。

又有一种方法：迅速脱掉溺者的衣服，在肚脐上用艾叶灸一百灼。

对中暑倒死在路上的人，随即用刀剑之类的器物掘开一坑，倒入水捣成泥浆，然后取烂泥浆灌入死者嘴中，就能救活。对中暑昏迷不省人事的人，给他冷水喝就会立即死亡。只能赶快取灶中微热的灰拥捂他，再用稍热的水蘸湿手巾熨其腹部、胁部，过相当的时间才会苏醒过来。不应该就取冷食给他吃。

冻死的人，四肢僵直，嘴巴闭紧。抢救微有气息的人，用大锅把灰炒热，装在口袋里，熨他的心口，灰冷了再换热的。等到眼睛睁开，稍稍给他吃些温热的酒和稀粥。如果不先温暖他的心脏，就用火烤，那么人身上的冷气与火相争，必然死亡。又有一种方法：用毛毯或草席把受冻者卷裹好，用绳索扎起来，叫两个人面对面地用脚推踢，使他来回滚转，就像压平地毯一样，等到受冻者四肢温暖，就可停止。

抢救梦魇死的，不能用灯火照，不可在此人跟前急速叫唤，那样往往会加速他的死亡。只要重重地咬他的脚后跟及脚趾旁，以及向他脸上吐唾液，就一定会救活。

梦魇不醒的，可稍微移动一下卧处，慢慢地叫唤他的名字，他就会醒过来。夜里梦魇的，原来有灯火就保存不熄灭，原来没点灯就切不可用灯火燃照。

又有一种方法：用笔管吹梦魇者两个耳孔，并拔取病人头发十四根，捻成绳，刺入鼻孔中。

又有一种方法：用盐汤灌入梦魇者的嘴内。

又有一种方法：研取韭菜汁半杯灌入梦魇者的鼻中，冬天用韭菜根汁也可以。

又有一种方法：在梦魇者两脚大脚趾聚毛的部位灸二十一灼（聚毛就是脚指向上生毛的地方）。

又有一种方法：用黄豆粒大小的一撮皂角粉，吹入梦魇者两个鼻孔内，使他打出喷嚏，就能通气，即使三四天不醒的仍然可救。

有一种受到风寒侵入突然患疾病暴死的情况。凡是暴死的，也有的是原先已经患病，在睡卧时忽然气绝死亡，这些都属于突然患疾病的情况。抢救时用嫩韭黄心插入男病人左鼻内、女病人右鼻内，进深六、七寸，使眼睛间血液流出，人就会活过来了。翻看猝死者上嘴唇的内沿，有像粟米粒小疮，可以拿针挑破。

又有一种方法：用皂角或生半夏粉末，像大豆粒大小一撮，吹入两鼻内。

又有一种方法：用焚烧羊粪的烟熏入病人鼻中。

又有一种方法：把棉花浸入半杯醇酒中，手捏棉球使酒滴入病人鼻内，并且捉住病人的两手，不要使其惊恐，一会儿就能醒过来。

又有一种方法：在病人脐中用艾叶灸一百灼，并向病人鼻内吹入皂角粉，或者研取韭叶汁灌入病人耳孔内。

又有一种方法：用生菖蒲研取汁水一盅灌入病人口中。

［救治］被杀伤者的［方法］。凡是救治被杀伤而没穿透内膜的伤者，用乳香、没药各一粒，大小像皂角子，研磨碎，用小便半盅、好酒半盅一道煎煮，然后让伤者一起喝下去，再用花蕊石散，或者乌贼鱼骨，或者龙骨研为粉末敷在创口上，立刻能止血止痛。

审判官宋瑑负责检验一个身负两处杀伤的人，此人当时气息奄奄，只剩一口气。他立刻吩咐保甲长赶紧拿葱白在热锅内炒熟，然后敷满受伤者的伤口。敷后不久，伤者就会发出呻吟，再调换熟葱白贴敷，伤者渐渐就不感觉到痛了。他曾将这个办法告诉乐平县知县鲍旗。后来，他们再度相会时，鲍旗告诉宋瑑："葱白法很妙。乐平人喜好争斗，常常有人被杀伤。遇到这类案件，我因公事顾不上审问犯人时，就先将葱白敷在受伤人伤口上，这样救活了很多人，死刑案也因此而减少。"此方出自《张声道经验方》。

救治胎动不安的人：凡是怀孕的妇女因争斗而震动了胎气，腹内气胀刺痛，并有气喘的，用川芎一两半、当归半两，把它们研为粉末，每次给她服两钱。若加酒一大杯，煎至仅剩十分之六，炒生姜少许放在里面，服用效果更好。

又有一种方法：用苧麻根一大把，洗干净，加入生姜三五片，水一大杯，煎至仅剩十分之八，调在粥饭中给孕妇吃。

救治惊吓昏死的，用温酒一两盅灌下去，就会苏醒过来。

“五绝”而死及摔死、打死、突然死亡等等情况，只要此人心头还温暖，虽然经隔一天也可救活。抢救时，先将此人盘屈坐在地上，像和尚打坐的样子，叫一人将被救者的发髻放低，用生半夏粉末，拿竹筒或纸筒、笔管吹入被救者鼻孔中。如果被救者苏醒过来，还要用生姜原汁给他灌下去，能解半夏毒。“五绝”是指难产、魅魇、上吊、塌压、溺水。治救方法，单用半夏一味。

突然死亡、坠跌、撞倒及鬼魇死的，如果人体没有冷，赶快用酒调苏合香丸灌入口中，如果药能灌下喉，就可救活。

五三　验状说

凡验状须开具：死人尸首原在甚处，如何顿放，彼处四至，有何衣服在彼，逐一各检劄名件。其尸首有无雕青、灸瘢，旧有何缺折肢体及伛偻、拳跛、秃头，青紫、黑色、红痣、肉瘤、蹄踵诸般疾状，皆要一一于验状声载，以备证验诈伪，根寻本原推勘。及有不得姓名人尸首，后有骨肉陈理者，便要验状证辨观之。今之验状，若是简略，具述不全，致妨久远照用。况验尸首，本缘非理，狱囚、军人、无主死人，则委官定验，兼官司信凭验状推勘，何可疏略？又况验尸失当，致罪非轻。当是任者，切宜究之！

【译文】

凡是验尸报告，应该一一写清楚：尸体原来在什么地方，怎样安放，它与四周界物的距离，留有什么衣服在那里，要一件件检查登记好名称和件数。还有该尸体身上有无雕青、灸斑，生前已有什么肢体缺损及驼背、拳曲、跛脚、秃顶、青紫色痣、黑色痣、红色痣、肉瘤、硬茧等症状，都要一一在验尸报告上写清楚，以备验证真假，查清案情事实本源以进行推究审问。这样，如遇到不知姓名的尸体，以后有近亲亲属来查找申诉的，便可以查看验尸报告对证分辨。现在的验尸报告，如果非常简略，记述不全，就会妨碍长久应用。况且尸体检验，本来是由于非正常死亡，狱囚、军人、死亡人无主等原因，才委派官员执行公务的，有关衙门也要根据验尸报告来推究审问，因此怎么可以疏略呢？更何况检验失当，获罪很重，承担这项工作的人，务必要认真地对待与仔细的研究啊！

中国古代名著全本译注丛书

周易译注
尚书译注
诗经译注
周礼译注
仪礼译注
礼记译注
大戴礼记译注
左传译注
春秋公羊传译注
春秋穀梁传译注
论语译注
孟子译注
孝经译注
尔雅译注
考工记译注

国语译注
战国策译注
三国志译注
贞观政要译注
吕氏春秋译注
商君书译注
晏子春秋译注

孔子家语译注
荀子译注
中说译注
老子译注
庄子译注
列子译注
孙子译注
鬼谷子译注
六韬·三略译注
管子译注
韩非子译注
墨子译注
尸子译注
淮南子译注
近思录译注
传习录译注
齐民要术译注
金匮要略译注
食疗本草译注
救荒本草译注
饮膳正要译注
洗冤集录译注
周髀算经译注
九章算术译注
茶经译注（外三种）修订本
酒经译注
天工开物译注
人物志译注

颜氏家训译注
梦溪笔谈译注
世说新语译注
山海经译注
穆天子传译注・燕丹子译注
搜神记全译

楚辞译注
六朝文絜译注
玉台新咏译注
唐贤三昧集译注
唐诗三百首译注
花间集译注
绝妙好词译注
宋词三百首译注
古文观止译注
文心雕龙译注
文赋诗品译注
人间词话译注
唐宋传奇集全译
聊斋志异全译
子不语全译
闲情偶寄译注
阅微草堂笔记全译
陶庵梦忆译注
西湖梦寻译注
浮生六记译注
历代名画记译注